Christa Zeuch

Mein Zauberschloss hat viele Türen

20 Räume voller Reime
mit Bildern der Autorin

Edition Gegenwind

Christa Zeuch

Nicht nur Kinder- und Jugenderzählungen, Kurzgeschichten und Lieder hat Christa Zeuch seit 1984 in namhaften Verlagen veröffentlicht, sondern eine große Anzahl Gedichte. Ihre Reime tummeln sich in Schulbüchern, Schülerzeitschriften, Kindermagazinen sowie Gedichtbänden. Von einigen haben sich Verlage und Buchhandlungen bereits für immer verabschiedet, doch diese Sammlung verhindert deren endgültiges Verschwinden aus der Bücherwelt! Christa Zeuchs erster Band mit Kindergedichten „Unten steht der Semmelbeiß" wurde in die Auswahlliste zum deutschen Jugendbuchpreis und die Ehrenliste zum Hans-Christian-Andersen-Preis aufgenommen.

Im ZAUBERSCHLOSS erweckt die Autorin neben vielen ihrer älteren Kindergedichte auch frisch Erdachtes zu neuem Leben. Sie wohnt und arbeitet in Windeby-Kochendorf nahe Eckernförde/Ostsee.

Wer mehr erfahren möchte, klickt einfach auf www.christazeuch.de!

Christa Zeuch

Mein Zauberschloss hat viele Türen

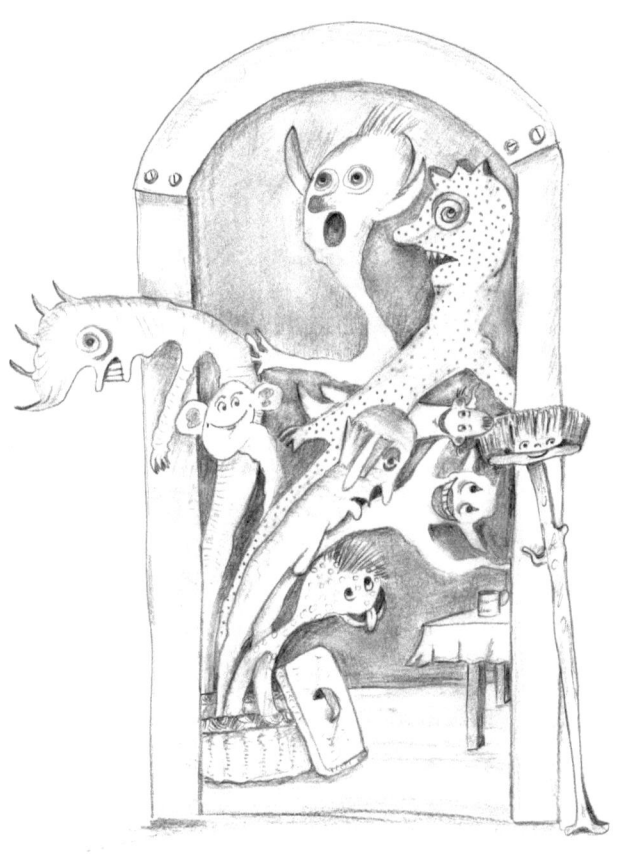

Edition Gegenwind

Bibliographische Information der Deutschen Bibliothek:
Die Deutsche Bibliothek verzeichnet diese Publikation
in der Deutschen Nationalbibliographie; detaillierte Daten sind im Internet unter
http://dnb.ddb.de abrufbar.

Edition Gegenwind
Originalausgabe

Texte: © 2014 Christa Zeuch
Wiedergabe des Werks ganz oder auszugsweise
nur mit Zustimmung der Autorin
Umscihlaggestaltung: © Christa Zeuch
Gesamtlayout: Fabian Zeuch
Herstellung und Verlag:
BoD - Books on Demand GmbH Norderstedt

ISBN 978-3-7357-7797-3

Inhalt

1. Der Freundschafts-Raum............................7
2. Das Kinder-Spielzimmer............................ 14
3. Die Lumpenpack-Bude 23
4. Die Flunker-Mansarde............................ 32
5. Der Wortspiel-Salon................................39
6. Die Schlossküche..................................... 45
7. Der Familien-Saal..................................... 51
8. Das Angsthasen-Kabäuschen...................59
9. Das Mutmach-Gelass................................. 65
10. Die Wut- und Streitstube............................71
11. Das Stimmungs-Kabinett........................... 75
12. Das Spuk-Kabuff....................................... 81
13. Die Geheimnis-Kammer............................. 87
14. Das Gedanken-Gewölbe............................92
15. Der Schloss-Tierpark................................100
16. Der Dachspeicher......................................107
17. Der Hexenkeller...112
18. Die Jahrszeiten-Galerie.............................. 119
19. Der Wind- und Wetter-Turm.................127
20. Der Gute-Nacht-Pavillon............................ 130
Quellenhinweis................................... 142

*Mein Zauberschloss
hat viele Türen,
die in verwunschne
Räume führen.*

*Begleitet mich,
wir gehen wandern
und öffnen eine
nach der andern.*

*Die Reime, Späße
und Gestalten
dürft ihr als Schatz
im Kopf behalten.*

1
Das Freundschafts-Kabinett

Schwarz-weiß

Mein Freund ist schwarz und ich bin weiß.
Wir sind wie Schoko-Sahne-Eis,
wenn wir zusammen gehen.
Wir tauschen manchmal unsre Schuh
und flüstern uns Geheimes zu,
weil wir uns gut verstehen.

Er heißt Joel, ich bin Marie.
Und zanken tun wir uns fast nie,
das wäre viel zu schade.
Ich lass mich später mit ihm trau'n,
dann werden unsre Kinder braun
wie Vollmilchschokolade.

Der allerbeste

Mein Freund, der allerbeste,
frisst heimlich meine Reste.
Ich mag nicht gerne Fisch,
der landet unterm Tisch
als Hundeleckerbissen.
Doch Mama darf's nicht wissen,
die wäre sonst entsetzt.
Bob hat noch nie gepetzt!

Freunde sind da

zum Schätze entdecken
zum Blödsinn aushecken
zum Kabbeln und Toben
zum Mutigsein proben
zum Küssen und Träumen
zum Kraxeln in Bäumen
zum Weinen und Lachen
zum Kissenschlacht machen
zum Flüstern und Plauschen
zum Pausenbrot tauschen
zum Mathe abschreiben
zum Kummer vertreiben
zum Luftschlösser bauen
zum fest sich vertrauen
zum Einsamkeit heilen
und Heimliches teilen

Unsichtbarer Freund

Mein liebster Freund ist unsichtbar.
Und geht es mir nicht gut,
streicht er mir schnell mal übers Haar
und macht mir wieder Mut.

Mein liebster Freund ist federleicht,
so leicht wie er ist keiner.
Wenn mich im Dunkeln Angst beschleicht,
raunt er: Nur Mut, mein Kleiner.

Mein liebster Freund ist immer da,
er tröstet mich beizeiten.
Und flieg ich mal nach Afrika,
dann wird er mich begleiten.

Purzelbäume pflanzen

Wenn du vor Lachen prustest,
lach ich ganz plötzlich auch so.
Dir wackelt ja der Bauch so,
dass du fast nur noch hustest!

Komm, lass uns Samba tanzen,
schrill wie Madonna singen,
bis in die Wolken springen
und Purzelbäume pflanzen!

Isabel

Isabel, was macht das schon:
rote Haare auf dem Kopf.
Leuchtest wie der Sommermohn,
deine Augen lachen!

Isabel, du Hexenweib!
Manchmal hast du still geweint,
wenn sie dich zum Zeitvertreib
an den Strähnen zogen.

Isabel, du schönes Kind,
wenn du tanzt, dann träume ich.
Schau, wie hoch die Wolken sind:
fern wie deine Blicke.

Brief schreiben

Wie fang ich an: Hallihallo,
ich will dich sehen ... oder so?
Geheim? Wie toll, dass es dich gibt,
dies schreibt dir einer, der dich liebt ...
Nein anders: Treff im Kino, komm,
halb fünf Odeon! Gruß, dein Tom.

Hab keinen Mut. Das mit dem Schreiben
lass ich für heute wohl noch bleiben.

Bauchkribbeln

Wenn ich daran denke,
was ich Isabel
zum Geburtstag schenke,
klopft mein Herz ganz schnell.
Und es kribbelt so im Bauch.
Nur, das kann ich ihr nicht sagen.
Würd' sie gerne fragen:
Kribbelt's bei dir auch?

Unser Hausmeister

Herr Wackermann ist richtig doof.
Ich treff den eben auf dem Hof,
da grinst er so und blökt ganz laut:
Wie geht's denn deiner kleinen Braut?
Und ich Idiot
werd puterrot ...

Geheimnisbuch

Ich schreib in mein Geheimnisbuch,
dass du für mich die Schönste bist.
Und dass dein buntes Indientuch,
das du seit Donnerstag vermisst,
in meiner Hosentasche ist.

Ich schreib von heute Nacht im Zelt.
Da war ich ziemlich aufgeregt,
weil mir so viel an dir gefällt.
Ich hab mich nah zu dir gelegt,
ganz still, und hab mich nicht bewegt.

Ich schreib in mein Geheimnisbuch:
Dich will ich viel, viel öfter sehn,
nicht bloß so kurz mal auf Besuch!
Und wenn wir uns grad toll verstehn,
dann dürfte nie die Zeit vergehn.

Freundschafts-Bändchen

Ich knüpf das zweite Freundschaftsband
und schenke dir das gelbe.
Jetzt sind wir Schwestern und verwandt,
ich trage ja dasselbe.

Wahre Freunde

Freunde kannst du dir nicht kaufen
und die stehn auch nicht gleich haufen-
weise an den Ecken.
Eh du gute Freunde findest,
musst du diese ja zumindest
suchen und entdecken.

Freunde dürfen niemals lügen,
sich verraten und betrügen,
boshaft und gemein sein.
Bist du immer Freund statt Feind,
jemand, der es ehrlich meint,
wirst du nie allein sein.

Klar, ihr dürft euch auch mal streiten.
Ihr versöhnt euch ja beizeiten,
atmet auf und lacht.
Fliegen einmal echt die Fetzen,
hilft statt Heulen, Schimpfen, Petzen
eine Kissenschlacht!

2
Das Kinder-Spielzimmer

Königskinder

Wir sind die Königsspiel-Erfinder:
Prinzessin Lu, Prinz John.
Wir sind so reich wie Königskinder
mit Schloss und goldnem Thron.

Prinzessin Lu ist meine Schwester.
Soeben frage ich:
Ein Spiel genehm? Da haucht sie: Bester,
das wäre königlich.

Heut bin ich sogar Königsvater
und Lu spielt Queen-Mama.
Als Prinz ist unser Rassekater
Fritz Miezepelz noch da.

Wir tragen edle Prachtgewänder,
aus Mamas Vorhangstoff
und plündern Omas Kleiderständer.
Doch die macht leider Zoff.

Besucht uns mal im Königsschloss
Beethovenstraße zehn,
gleich unten links im Erdgeschoss,
wo die Geranien stehn.

Mein Buch

Ich sitz in Papas Schaukelstuhl.
Der wippt und schaukelt sacht.
Er hat mich öfter schon ganz cool
woanders hin gebracht.
Ich hab ein Buch
auf meinem Schoß
und gleich geht unsre
Reise los!

Heut fliegt er wie ein Mondmobil
mit mir zum Sternenzelt.
Er trägt mich bis ans fernste Ziel,
rund um die ganze Welt.
Ich hab ein Buch
auf meinem Schoß,
die Spannung lässt mich
nicht mehr los!

Schon geht's zurück zu mir nach Haus.
Jetzt kriege ich Besuch
von Inga, Billy, Toni, Klaus,
vier Freunden aus dem Buch.
Wir dürfen auf
den nächsten Seiten
auf Nymphe, Bess
und Blacky reiten!

Zimmerwetter

Draußen Nebel, Matsch und Regen,
heute geht's nicht raus, zu dumm.
Langeweile? Ha, von wegen!
Tina komm, wir toben rum!

Mama schimpft: Lasst das Gegröle,
davon wird der Opa wach.
Gut, wir bau'n uns eine Höhle.
Tisch mit Decke. Ohne Krach.

Vor der Höhle knurren Bären,
huch! Wir lauschen starr vor Schreck.
Wenn wir echte Kerle wären,
jagten wir sie mutig weg.

Hilft vielleicht auch Schokolade?
Die schmeckt leckerer als wir,
denn um uns wärs wirklich schade.
Damit zähmt man jedes Tier!

Essen gibt's ihr Höhlengören,
ruft uns Mama. So ein Mist.
Muss sie uns schon wieder stören,
wo's doch grad so spannend ist?

Mir-fehlt-was-Spiel

Mein Arm ist weg, mein Arm ist weg,
wie konnte das passieren?
Ich kriech auf allen Dreien 'rum
und nicht auf allen Vieren.

Mein Bein ist weg, mein Bein ist weg,
wer hat mein Bein gesehen?
Jetzt kann ich nur auf einem Bein
und nicht auf zweien stehen.

Mein Kopf ist weg, mein Kopf ist weg,
wer hat ihn mir gestohlen?
Wer einfach fremde Köpfe klaut,
den sollten wir versohlen!

Mein Po ist weg, mein Po ist weg,
und der ist ziemlich wichtig.
Du, borgst du mir dein Hinterteil?
Dann sitz ich wieder richtig.

Aufräumen

Autsch! Ich heule wie 'ne Eule,
das gibt eine fiese Beule.
Bin gestolpert, weil noch immer
ganz viel rumfliegt hier im Zimmer.
Mist, es hat wohl keinen Zweck,
ich räum alles auf und weg.
Dauert mindestens bis neun ...
Aber Mama wird sich freu'n.

Teddy Benjamin

Mein Teddybär, der Benjamin,
ist kuschelwuschelwarm.
Ich hab ihn lieb und brauche ihn
und halte ihn im Arm.

Wenn ich mal richtig traurig bin
und finde niemand nett,
dann hab ich meinen Benjamin
und hol ihn mir ins Bett.

Kommt dann die schwarze Dunkelheit
des Nachts in unser Haus,
passt er schön auf. Und so zu Zweit
macht es mir nichts mehr aus.

Er ist mein allerliebstes Tier.
Hab ich mal grad geweint,
dann hält mein Benjamin zu mir
und ist mein bester Freund.

Mein Teddybär, der Benjamin
mit seinem Wollehaar,
der tröstet mich. Wer tröstet ihn?
Ich selber, ist doch klar!

Knöpfchenregen

Regen, Regen, Tröpfchen,
es regnet lauter Knöpfchen.
Du bleibst zu Haus,
du gehst nicht raus,
sonst rutschst du
auf den Knöpfchen aus.

Regen, Regen, Tröpfchen,
es regnet in ein Töpfchen.
Lass es mal stehn,
und du wirst sehn:
Ins Töpfchen viele
Tröpfchen gehn.

Regen, Regen, Tröpfchen,
es regnet auf dein Köpfchen.
Dein Hals tut weh?
Trink Fliedertee
und deck dich zu
von Kopf bis Zeh.

Regen, Regen, Tröpfchen,
ich flechte dir zwei Zöpfchen,
es weht ein Wind.
Und du, mein Kind,
denk nach,
wo deine Spangen sind.

Reich des Verbotenen

Hier darfst du ganz die Zeit vergessen,
denn niemand ruft zum Abendessen.
Die Hände brauchst du nie zu waschen,
darfst matschen, kleckern, popeln, naschen,
mit Socken in die Pfützen springen
und Frösche mit nach Hause bringen.

Du brüllst noch lauter als ein Drachen
und lässt dein Schlagzeug höllisch krachen.
Dann stopfst du dir vom Frittenstrauch
zum Platzen viel in deinen Bauch,
schlürfst giftig grüne Limonade
und naschst zehn Tafeln Schokolade.

Erwachs'ne dürfen nicht herein.
Und schleicht sich doch mal einer ein
und will dein Lieblingsspiel beenden,
dann klatschst du kräftig mit den Händen:
Schon schwenkt ein Kran den Arm ganz leise -
der schnappt sich den und ab die Reise!

Wolkenreiten

Auf meiner Wolke reite ich,
komm mit mir mit, begleite mich.
Mein Wolkenpferd bringt mich im Nu
nach Panama.
Wohin willst du?

Ich bin du

Du, wir tauschen unsre Sachen,
unsre Jacken, unsre Schuh.
Was wir auch zusammen machen:
Du bist ich und ich bin du.

Sofamofa

Weil ich Langeweile hab,
schwing ich mich aufs Sofa,
starte, hupe und fahr ab -
das Sofa ist mein Mofa.
Und schon macht es, was ich will,
knattert um die Ecken,
tutet, bremst und quietscht ganz schrill,
dass die Leut' erschrecken.

Kommt mein Bruder Jens herein,
Jens, der ist ein Doofer,
brüllt: Jetzt lass das Knattern sein,
das Sofa ist kein Mofa!
Weil ich keinen Spaß mehr hab,
schenk ich dem mein Mofa.
Tschüs, ich hau nach draußen ab.
Das Sofa ist ein Sofa.

3
Die Lumpenpack-Bude

Wer hat geschellt?

Vampir, dich werfe ich hinaus,
ich weiß, dass du mich beißt!
Auch lass ich keinen Kerl ins Haus,
der Ritter Blaubart heißt.

Verschwinde, böses Krokodil,
ich hau dir eine drauf!
Verzieh dich, Hexe Rübenstiel,
dir mach ich auch nicht auf!

Kartoffelgrumpf, mach lieber kehrt,
hau ab, sonst fress ich DICH!
Und sag auch gleich dem Monsterpferd,
gefährlich bin auch ich!

Denn ich bin größer als ein Schwein,
ein höllisch fieses Vieh,
ein Riesenrüsselsiebenbein!
Haha, da rennen sie...

Der Meier spinnt

Mit hat Herr Meier mal erzählt,
er isst gekochte Eier ungeschält.
Das merkt doch jedes Kind:
Der Meier spinnt!

König und Bettelmann

Ein König und ein Bettelmann
vertauschten einst die Rollen.
Der König fing zu betteln an,
der Bettler nahm vom Vollen.

Dem Bettler war die Gans zu fett,
die man im Schloss servierte.
Er kroch ins Königshimmelbett,
wo er den Bauch kurierte.

Der König fror sich einen ab,
trotz einer Schulterdecke.
Sehr spärlich war's, was man ihm gab
an seiner Bettelecke.

So wurden beide nicht recht froh.
Da sagte sich der König:
Ich sitz hier wie ein armer Floh -
was jammre und was stöhn' ich?

Ich schleiche heim ganz unerkannt,
hier hab ich nichts verloren.
Ein jeder Mensch verdient den Stand,
in den man ihn geboren!

Den Bettler warf er voll Verdruss
gleich wieder auf die Straße.
Den König plagt heut Überfluss.
Dem Bettler tropft die Nase.

Die Friesenriesen und das Pfefferkraut

Einst hatten Friesenriesen
nah bei den Pfefferwiesen
ihr Friesenhaus gebaut:
mit blanken Marmorfliesen
und roten Samtmarkisen.
Stolz hat es ausgeschaut.

Doch wie das geht mit diesen
verflixten Pulverwiesen -
wer sich ins Freie traut,
der muss ganz furchtbar niesen.
Dies hat den Friesenriesen
den ganzen Spaß versaut.

Mit jedem Nieser bliesen
sie ganze Pfefferbrisen
aus all dem Pfefferkraut!
Bald waren die Markisen
und auch die frischen Fliesen
von Pfefferstaub ergraut.

Auch juckten diese fiesen
Niespulver-Pfefferprisen
den Riesen auf der Haut.
Und außerdem, das Niesen
bei echten Friesenriesen
gewittert riesig laut.

Sie zogen fort und priesen
das Land der Portugiesen.
Dort wächst nur Runkelkraut.
Drum trifft man bei den Friesen
heut weder einen Riesen
noch eine Riesenbraut.

Hampelmann

Der Himpelmann, der Hampelmann
schaut aus nach einer Braut,
die himpel humpel hampeln kann
und sich den Salto traut.

Die Suse hat zu große Ohren
und leider ihr Gebiss verloren.
Und ruft er: Suse, hampel!,
dann macht sie bloß Getrampel.

Der Himpelmann, der Hampelmann,
der überlegt und sinnt:
Erst eine Hämpelin und dann
ein süßes Hampelkind ...

Die quietschvergnügte Lilibet?
Die findet er besonders nett.
Doch leider schon vergeben.
So geht's nun mal im Leben.

Der Himpelmann, der Hampelmann,
kauft sich aus gutem Grund,
solang er keine finden kann,
erst einen Hampelhund.

Der wackelt mit dem Wackelschwanz
und tanzt den Dackelwackeltanz.
Dem strampeln alle Beine,
zieht man die Hundeleine.

Der fiese Zwerg

Ich war am Sonntag ganz allein.
Da kam ein fieser Zwerg herein.
Der hat gefaucht und mir gedroht:
Ich fresse dich zum Abendbrot!

Ich hab gesagt: Das ist mir recht,
ich schmecke nämlich gar nicht schlecht.
Ich freu mich drauf, wie du gleich platzt!
Da hab ich ihm den Spaß verpatzt.

Meckerziege

Nimm den Daumen aus dem Mund!
Nägelkaun ist ungesund!
Frag nicht dumm!
Sitz nicht krumm!
Guck nicht in der Luft herum!

Nasebohren ist nicht fein!
Schmatz nicht so, du bist kein Schwein!
Schwätz doch nicht!
Petz doch nicht!
Mach nicht so ein Schafsgesicht!

Krieg ich nicht die schöne Hand?
Stopp, hier wird nicht so gerannt!
Waas, du nennst mich
Meckerziege?
Freches Aas, wenn ich dich kriege!

Polke Schmolke

Polke Schmolke
in der Wolke,
sag mal Ritzelpritzel!
Ritzelpritzel gibt es nicht,
Polke Schmolke wundert sich.

Polke Schmolke
in der Wolke,
sag mal: Moppelpoppel!
Moppelpoppel gibt es nicht,
Polke Schmolke ärgert sich.

Polke Schmolke
in der Wolke,
sag mal: Schrammelwammel!
Schrammelwammel gibt es nicht,
Schmolke droht ganz fürchterlich.

Polke Schmolke
in der Wolke,
sag mal: Prutzenknutzen!
Prutzenknutzen gibt's, jawoll,
ich hau euch mit den Hintern voll!

Der Schwarze

Gibt einen, der dich oft verfolgt,
den müsstest du wohl hassen.
Doch wenn du ihn dir schnappen willst,
kriegst du ihn nicht zu fassen.
Nicht selten eilt er dir voraus.
Willst du ihn überspringen,
springt er so schnell davon wie du,
es wird dir nicht gelingen.

(NETTAHCS)

Raue Räuberkehlen

Räuber fluchen Zorn und Zinn
bei den sieben Buchen.
Deshalb traut sich keiner hin,
um sie zu besuchen.
Sicher würden diese Burschen
grässlich mit den Zähnen knurschen.

Räuber tragen ihren Bart
mitten im Gesicht.
Schrecklich wild sind sie behaart,
nur zu Ostern nicht.
Schlafen diese Räuberburschen,
hört man sie bis Sachsen schnurschen.

Räuberkehlen sind so rau,
dass die Buchen zittern.
Lachen sie, ist es genau
so, als␣täťs gewittern.
Willst du diese Burschen sehen,
musst du heimlich lurschen gehen.

Das Fodeldü

Das kunterbunte Fodeldü
sieht frech und pfiffig aus.
Es fliegt und piepst, springt hott und hü
und wohnt bei dir zu Haus.

Du sagst, du hast es nie gesehn?
Dann schau genauer hin.
Vielleicht ist's unter deinem Bett,
vielleicht liegt's auch schon drin.

Da ist es nicht? Guck in den Schrank
und such auch im Klavier.
Das Fodeldü spukt frisch und frank
mal da, mal dort, mal hier.

Nun hast du gründlich nachgeschaut,
sogar im Suppentopf.
Hör auf damit, ich sag es laut:
Es spukt in deinem Kopf.

Puh Pann

Es war einmal ein Mann,
der hieß Puh Pann.
Puh Pann hieß er,
Fliegen fliegen ließ er.
Und sein Teller mit dem Speck
war getupft vom Fiegendreck.
Es war einmal ein Mann,
der hieß Puh Pann,
der fraß den Speck
mitsamt dem Dreck.

4
Die Flunker-Mansarde

Rathaus

Im Rathaus wird geraten.
Dort gibt es für die Kunden
(ein Rat hat sie erfunden)
sechs Rätselautomaten.

In Zimmern sitzen Frauen,
die Kreuzworträtsel lösen
wobei sie grübelnd dösen
und an den Stiften kauen.

Auch Männer sieht man rätseln
und eifrig Zahlen malen:
bunt sind die Lottozahlen,
die Achten gleichen Brezeln.

Fragst du, was sie DIR raten,
dann gucken sie verdutzt.
Sie fühlen sich verutzt
und schmeißen mit Tomaten.

Bodenlos

Ein Fass ohne Boden log
so bodenlos, dass es sich bog:
Es hätte als Weinfass gefasst,
so viel in ein Kirchenschiff passt.
Sein Holz war vom Lügen schon krumm,
und überall sprach sich herum:

Ein Fass ohne Boden log
so bodenlos, dass es sich bog,
es hätte ...

Wochenspeiseplan

Montag gibt's ein Ohr vom Schwein,
Dienstag Chips mit Spinnenbein,
Mittwoch Saure-Gurken-Brei,
Donnerstag ein Kuckucksei,
Freitag Regenwürmermus,
Samstag leckren Käsefuß,
gut gewürzt mit Mückenschrot,
Sonntag altes Hasenbrot.

Das Haus der Adeline Flaus

Am Gickel Nummer zwei
wohnt Adeline Flaus.
Dort quillt die Wüstenei
schon zu den Ritzen raus.
Die Nachbarn sind empört,
ein Schandfleck sei dies Haus.
Es stört sie unerhört.
Doch stört's nicht die Frau Flaus.

Denn längst schon zog Frau Flaus
in ihren Hühnerstall.
Sie passt nicht mehr ins Haus -
ein hoffnungsloser Fall.
Nun gackert sie vereint
mit ihrer Hühnerschar
und findet, wie sie meint,
das Leben wunderbar.

Man munkelt von Frau Flaus
in ihrer Gegend nun,
sie brüte Eier aus
und sei schon selbst ein Huhn.

Ei und Papagei

Es war einmal ein Ei.
Das lag am Wegesrand,
wo es ein Papagei
am Sonntagmittag fand.

Der Papagei blieb stehn
und horchte an dem Ei.
Dann trat er aus Versehn
das heile Ei zu Brei.

Er flog vor lauter Schreck
und reichlich ungestüm
ein gutes Stückchen weg.
Da kam das Ungetüm.

Zuerst noch klitzeklein,
kroch es aus jenem Ei.
Dann wuchs es ungemein -
das glich schon Teufelei.

Es wuchs zu einem Bus,
es wuchs zu einem Haus
und sah zum guten Schluss
nach einem Spukschloss aus.

Dies war bemerkenswert.
Der Vogel allerdings
war längst schon heimgekehrt -
genauer: Ihm entging's.

Rachengiere

Ich kenne sieben Drachentiere,
verdammt verfress'ne Rachengiere.
Die fressen selten Bäckerpizzen,
doch um so lieber MECKERFRITZEN.

Sie haben Riesenschuppenköpfe
mit Mäulern, groß wie Suppentöpfe.
Der höchst pikanten Schärfe wegen
verschlingen sie gern NERVENSÄGEN.

Auch mögen sie ganz zum Entsetzen
von Petzern PETZER, die oft petzen.
Ja, darauf sind sie wahrlich gierig.
Drum petze nie! Doch das wird schwierig.

Auch dir geht's an den Kragen, Bube,
du landest in der Magengrube!
Da faucht ein echter Drache, ehrlich.
Tja, FLUNKERN ist halt auch gefährlich.

Das I

Es war einmal ein I,
das ging mir bis zum Knie.
Das mochte wohl kein Wort mit o,
zum Beispiel Lotto oder Klo,
denn alle O's warf es hinaus
und machte lieber I's daraus:

Sinne, Glicke, Zii und riter Mihn,
risenrite Risen und Inkel Itti spielt Litti.

Wer's nicht glaubt

Ich kenne einen Zauberer,
der wäscht mit Bier sein Pferd,
damit ich noch viel sauberer
als meine Schwester werd'.

Der Himmel ist heut himmelgrün,
die Sonne strahlt ihr Grau
und auf den runden Dächern blüh'n
die Rosen schweinchenblau.

Der Esel fängt zu zwitschern an,
der Kirchturm lacht sich krumm.
Die Frau im Mond sucht einen Mann.
Und wer's nicht glaubt, ist .... .

Was fliegt?

Regen, Wolken, Nebelschleier,
Wirbelwinde, Hühnereier,
Bienen, Mücken, Hummeln, Fliegen,
Wespen und Gewitterziegen ...

Helikopter, Friedenstauben,
Jumbo-Jets und Eisenschrauben,
Ahornblätter, bunte Drachen,
Luftballons und Badesachen ...

Frühlingslüfte, Schmetterlinge,
Käfer, Federn, Nasenringe,
Segelflieger, Federbälle,
Vögel, Bienen, Hühnerställe ...
Alles das kommt angeflogen.
Oder ist da was gelogen?

Herr Mutigmann

Ich traf mal den Herrn Mutigmann.
Der hatte Angst vorm Fliegen,
vorm Reisen mit der Eisenbahn
sowie vorm Schnupfen kriegen.
Er fürchtete die kleinste Maus,
erst recht die schwarze Katze,
die Motte und die Laus im Haus,
den Nachbarn mit der Glatze.

Er floh vor jedem Regenwurm,
vor Spinnen, Mücken, Bienen,
vor Autos, Ampeln, Glockenturm,
sogar vor Waschmaschinen.
Er hatte Angst vor Hühnermist,
vor Bier und Babywindeln.
Und wenn das nicht die Wahrheit ist,
dann wird wohl jemand ...

Unbeliebte Tiere

Dem Knallfrosch knallt beim Hüpfen stets
das rechte Sprunggelenk.
Fragst du ihn freundlich: Na, wie geht's?,
kriegst du zur Antwort: Peng!!

Das Stinktier ist höchst unbeliebt,
kein Gast kommt in sein Haus.
Weil sich's nur mit Gestank umgibt,
nimmt jeder gleich Reißaus.

Der Schmierfink schmiert mit seinen Händen
die Zimmerwände rot.
Den Rest der Farbe von den Wänden
schmiert er aufs Butterbrot.

5

Der Wortspiel-Salon

Ja, und nun?

Ich fenster aus dem Schau
und gummi einen Kau.
Da glockt es an der Schell.
Laut hundet gleich mein Bell.

Ich türe an die Geh.
Da draußen mannt ein Schnee!
Der möchte gern ins Arme, der Warme.
Ja und, was soll ich tun - nun?

Sprachlos

Wenn wir keine Sprache hätten,
guckten wir schön dumm,
denn wir wärn, ich möchte wetten,
alle ziemlich stumm.

Würde mich ein Fremder fragen:
He, wo kommst du her?,
könnte ich es ihm nicht sagen,
weil ich sprachlos wär.

Reisten wir einmal nach Schweden,
wüssten wir auch nicht,
dass die Schweden schwedisch reden,
weil ja niemand spricht.

Flüstern, reden, brüllen, zanken,
reimen so wie hier
könnten wir nur in Gedanken
und auf Briefpapier.

Weder-noch-Wort

Ich hörte mal ein Wort,
das war nicht hier, nicht dort,
war weder kurz noch lang,
war nicht gesund, nicht krank,
war weder heiß noch kalt,
war weder jung noch alt
nicht kraus und nicht gebügelt,
und keinesfalls geflügelt,
war nämlich unsichtbar
und - - überhaupt nicht wahr.

Kakada

Grashüpfer hüpfen, um zu grasen.
Dort rasen Hasen übern Rasen.
Der Löwenzahn will Löwen beißen,
der Maulwurf lieber Mundschmeiß heißen.

Der Tiger tigert durch den Tann.
Sein t verschenkt der Elefan.
Giraffen gaffen übers Dach.
Die Affen äffen alles nach.

Den Esel kränkt die Eselei.
Der Kuckuck kuckt an ihm vorbei.
Die Meise wünscht sich vorn ein A.
Der Kakadu sitzt kakada.

Die Stecknadel

Eine Stecknadel steckte ganz still im Stroh.
Sie steckte versteckt dort seit Stunden
und stöhnte: Ich stecke hier einfach nur so.
Ich würde so gerne gefunden!

Denn einfach nur stecken, das macht mich nicht froh.
Ach, könnte ich stechen und piken!
Vielleicht ein Stück Stoff? Vielleicht einen Po?
Ein Schweinchen? Ha, das würde quieken!

Es wurde April. Es wurde August.
Es wurde bald stürmisch und frostig.
Sie steckte noch still, es schwand ihr die Lust.
Ihr Stachel aus Stahl wurde rostig.

Was manche Wörter machen...

Der Lauch fühlt sich erlaucht,
der Schlauch sich so geschlaucht.
Das Tuch ist gut betucht.
Das Buch wird umgebucht.

Der Halle Hall verhallt.
Der Knall ist ganz verknallt.
Verbiestert schweigt das Biest.
Der Nieselregen niest.

Der Schimmel wird verschimmelt,
der Himmel angehimmelt.
Die Muse matscht zu Mus.
Der Fuß fasst endlich Fuß.

Wahre Dichtung

Ein Dichter sichtet im Rohr ein Leck,
das leckt in seine Richtung.
Der Dichter denkt: Das Leck muss weg,
da hilft nur eine Dichtung.
Des Dichters Dichtung adelt schlicht
ein leckes Rohr nun zum Gedicht.

Im Möbelhaus

Wir machen einen Wettlauf
zum Möbelhaus zwecks Bettkauf.
Denn irgend so ein Pöbel
frisst neuerdings die Möbel,
und gleich sind in der Halle
die Möbel alle alle.

Der Pöbel, der die Kunden neckt,
hat sich im Möbelhaus versteckt.
Er knabbert, nagt und frisst,
bis kaum was übrig ist:

Vorm ETT fehlt schon das B.
Dem ISCH fehlt vorn das T,
das SCH fehlt vor dem RANK,
das B fehlt vor der ANK,
das H fehlt vor dem ERD -
wir machen wieder kehrt!

Aufgepasst!

Ein Zahler zahlte,
ein Maler malte,
ein Feger fegte,
ein Jäger -

Ein Richter richtete,
ein Dichter dichtete,
ein Käufer kaufte,
ein Läufer -

Ein Schreiber schrieb,
ein Treiber trieb,
ein Blinker blinkte,
ein Stinker -

Ein Raucher rauchte,
ein Taucher tauchte,
ein Wecker weckte,
ein Bäcker -

Ein Kocher kochte,
ein Locher lochte,
ein Töpfer töpferte,
ein Schöpfer -

ZWIE-Gedicht

Wenn irgendwo zwei Lichter brandeln,
dann wird es sich um ZWIElicht handeln.
Der Mensch trägt ZWIEbäcke zur Zier,
zwei vorn, zwei hinten, das sind vier.
Die ZWIEbel muss ich noch erwähnen,
denn schließlich rührt sie uns zu Tränen.

Vom ZWIEspalt sind wir oft betroffen,
stehn Tür und Fenster gleichfalls offen.
Und, tragen zwei dieselbe Tracht,
gibt's ZWIEtracht, dass die Schwarte kracht.
Tja, was ein ZWIEgespräch so macht,
das denkt euch selber. Gute Nacht.

6
Die Schlossküche

Die Kaffeekanne

Morgens wird die Kaffeekanne
hin und her geschwenkt.
Weißt du, was die Kaffeekanne
früh am Morgen denkt?

Wär ich keine Kaffeekanne,
sondern eine Badewanne,
könnte ich die Leute sehen,
wie sie in mir baden gehen.
Doch wer badet gern in Kaffee?
Nicht einmal der dümmste Affe.

Der Kühlschrank

Unser Kühlschrank ist schon alt,
außen weiß und innen kalt.
Drinnen wird er gar nicht froh,
denn da friert's ihn immer so,
dass die aufbewahrten Speisen
vereisen.

Wärmstens wünscht er sich daher,
dass er mehr ein Wärmschrank wär.
Doch das wagt er kaum zu hoffen.
Und so brummt er nur betroffen,
schaltet ab, steht nur noch stumm
rum.

Der Tintenfisch

Auf des Fischers Küchentisch
liegt der frische Tintenfisch
mit den acht Tentakeln.
Still erwartet er sein Los,
ausgepackt und nackt und bloß,
ohne zu spektakeln.

Angstvoll fängt er an zu schwitzen,
denn er sieht ein Messer blitzen
und die Köchin kommen!
Könnte er zur Nordsee flitzen,
auf den acht Tentakelspitzen,
wär er weggeschwommen.

Ist noch Rettung zu erhoffen?
Da, ein Fester steht ja offen!
Hopp, voll Schreck und Graus
hechtet er vom Küchentisch
schneller als der schnellste Fisch
aus dem Fenster raus.

Gullilandung! Welch ein Glück!
Niemals kehrt er mehr zurück.
Froh tentakelt er
den Kanal entlang zum Fluss,
wo er nichts mehr fürchten muss,
hin zum weiten Meer.

Klagelied des Küchenstuhls

Oh-oh-oh,
immer bloß der Po!
Säß doch mal auf dem Geflecht
auch ein Bauch, das wär gerecht,
weil, ein Bauch, der mufft nicht so,
so nach Po.
Oh-oh-oh.

Spaghetti

Zwei Kinder, Till und Betti,
die kochten sich Spaghetti.
Bald waren sie al dente gar.
Doch was daran erstaunlich war:
Sie wurden lang und länger,
der Kochtopf eng und enger.

Die längste wuchs drei Meter lang,
vom Herd bis hin zum Küchenschrank.
Jetzt sprang sie aus dem Topf heraus
und schlängelte sich durchs ganze Haus.
Schlupp, folgte jener Nudel
das ganze Nudelrudel.

Sie wanden sich durch den Kamin,
um Till und Betti zu entfliehn.
Es waren etwa hundertzehn,
die hat man nirgends mehr gesehn.
Das heißt, doch, eine Nudel
in Wien. Die fraß ein Pudel.

Kuhmilchgrün

Der Käse sagt: Muh,
ich stamm von der Kuh.
Erwidert die Butter:
Und ich vom Kuhfutter.
In mir stecken Kräuter,
die gehn mit ins Euter.

Der Käse zischt: Nein,
das kann gar nicht sein,
sonst wärst du so grün
wie die Wiesen, die blühn.
Du bist aber bleich,
das sieht man doch gleich.

Die Butter grinst schmierig:
Ist dass denn so schwierig,
du stinkiger Knilch?
Geht so mit der Milch:
Das Grün frisst die Kuh.
Weil sie kaut immerzu
mit dem weißen Gebeiß,
wird das Grün davon weiß.

Lacht der Käse sie aus:
Na, du redest ja kraus!
Richtig heißt es Gebiss,
soviel ist mal gewiss.
Sie beschimpfen sich heftig,
beide ärgern sich kräftig,
und die Milch schäumt schon arg.
So entsteht nämlich Quark.

Der Rollmops

Der Rollmops ist wichtig;
denn feiert der Vater
mit Freunden so richtig
dann kriegt er 'n Kater.
Und wegen des Kopps
fischt er mit der Gabel
den rolligen Mops
und rein in den Schnabel.
Der Rollmops, ganz sauer,
erfüllt seinen Zweck:
Er scheucht mit viel Power
den Kater weg!

Lachzwiebel

Mit Zwiebeln ist es schaurig,
die machen furchtbar traurig.
Man muss im allgemeinen
zwangsläufig davon weinen.
Lachzwiebeln sollt es geben
wie lustig wär das Leben.
Zwiebeltürme, -muster, -ringe
wären lächerliche Dinge!
Halt - von zu viel Zwiebelbrot
lacht man sich womöglich tot ...

Verwandlung

Ein Suppenhuhn,
grad noch ein Eishuhn,
das taute man auf und es weiß nun,
was als nächstes geschieht,
weil der Koch es verriet:
Auf dem Speiseplan steht heute Reishuhn.

7
Familien-Saal

He Papa!

Du ziehst mich ständig hinterher,
als ob ich eine Karre wär.
Hör auf, ich bin genug gerannt,
ich will nicht mehr an deine Hand!

Ich rufe, du bleibst taub und stumm.
Jetzt dreh dich endlich nach mir um!
Hast du mal drüber nachgedacht,
wer hier die meisten Schritte macht?

Wieso du's bloß so eilig hast,
als ob du irgendwas verpasst?
Da kommt die nette Adelheid.
Auf einmal hast du so viel Zeit ...

Berufswünsche

Später will ich so wie Papa
Bankbeamter sein.
Oder wie mein Onkel Erwin
Schiffer auf dem Rhein.

Besser wär noch Fußballtrainer.
Oder Polizist.
Und vielleicht auch Taxifahrer.
Oder Pianist.

Aber eins, das werd ich niemals:
Bundespräsident.
Der darf nie mal eben popeln,
weil den jeder kennt.

Wir sind viele

Wir haben einen Hofhund.
Der ist ein bisschen doof und
hinkt links auf einem Bein.
Und unser dickes Schwein
hat Ferkel, nämlich vier.
Dann gibt es noch den Stier,
fünf Gänse, viele Katzen
und Schafe, Hühner, Spatzen.

Und dann die beiden Ziegen
und jede Menge Fliegen.
Im Stall die dreizehn Kühe
melkt Papa in der Frühe.
Die Mama und wir Kinder
sind auch noch da. Und Rinder.
Und Jens, mein bester Freund!
Wir sind zu hundertneunt!

Gewissensbisse

Die alte Kaffeekanne
von Oma Marianne,
die habe ich zerdeppert,
das hat ganz doll gescheppert.
Ich hab sie weggeschmissen.
Nun plagt mich mein Gewissen.

Da hilft wohl kein Gejammer,
jetzt beichte ich's der Mama.
Was wird sie mit mir machen?
Da hör ich sie schon lachen:
Der olle Pott? Famos,
ich bin ihn endlich los!

Weil Papa schimpft

Weil Papa dauernd schimpft mit mir,
geh ich jetzt einfach weg.
Ich trample wie ein Trampeltier
und such mir ein Versteck.

Das ist in meinem Kleiderschrank.
Die Türen zieh ich zu.
Ich hör und seh nichts, Gott sei Dank.
Hier lasst mich bloß in Ruh!

In meinem Käfig riecht es schlecht,
ich kriege kaum noch Luft.
Geschieht dem blöden Papa recht.
So ein gemeiner Schuft!

Wenn er dann sucht und mich vermisst,
bin ich vielleicht schon tot.
Das einzig Dumme daran ist:
Ich hätt' gern Abendbrot.

Mein Magen knurrt. Ich schleich mich raus.
Hat Papa wohl noch Wut?
Der sieht ja wieder friedlich aus.
Verzeih ich ihm? Na gut.

Bumerang

Das kleine Kind vom Bumerang
weint: Nimm mich mit, ein Stück!
Der Papa ruft: Ich bleib nicht lang,
ich bin sofort zurück.

Oma Kamerun

Die alte Oma Kamerun
sitzt immer in Pantoffelschuh'n
und strickt gestreifte Socken.
Du fragst, was wir denn bei ihr tun,
wir Kinder bei dem alten Huhn?
Uns gerne zu ihr hocken!

Sie hat zwei Ohren, tellergroß,
und eine Decke auf dem Schoß
und einen Mund mit Falten.
Doch aus dem alten Faltenmund
spazieren frech und kunterbunt
die seltsamsten Gestalten:

Klabautermänner, Lumpenpack,
die machen lauter Schabernack.
Da singen, tanzen, plappern
Prinzessin, Räuber, Gnom und Clown
die sich mal lieben, mal verhau'n.
Und Omas Nadeln klappern.

Ich glaube, Oma Kamerun
strickt schon seit vielen Jahren nun
dasselbe Sockenpaar.
Wir wachsen aus den Kinderschuh'n,
drum wird sie's nicht mehr lange tun.
Vielleicht noch nächstes Jahr?

Musikalisches Haus

Papa spielt Klarinette,
und Flöte Schwester Jette.
Der Kater Kasimir
Klavier.

Die Mama heißt Veronika.
Sie spielt die Mundharmonika.
Und unser Hund, der Bello,
Cello.

Der Opa spielt Posaune,
die Oma Bass, man staune.
Und unser Onkel Otto
Lotto.

Tante Meta

Tante Meta ist schon alt,
an die neunzig Jahre bald.
Zeitung liest sie trotzdem immer
auf der Bank im Erkerzimmer.

Ich und meine Schwester Greta
spielen oft bei Tante Meta
Karten oder Blindekuh.
Tante Meta guckt uns zu.

Manchmal nickt sie dabei ein.
Doch das tut sie bloß zum Schein.
Flüstern wir, ruft sie empört:
Ich hab alles mitgehört!

Meckeronkel

Bei uns im ersten Hinterhaus,
im Stockwerk gegenüber,
da wohnt der Meckeronkel Klaus.
Der guckt fast nur zum Fenster raus.
Sein Ausblick ist ein trüber:

Die Abfalltronnen sind sein Groll,
im Hof die vielen Räder.
Die Tauben gurren ihm zu doll,
die sau'n die Fenstersockel voll
und machen Mistgefeder.

Uns Kinder mag er alle nicht,
weil wir ihn mächtig stören.
Oft wird er hitzig im Gesicht,
verliert schon fast das Gleichgewicht
und kräht: Haut ab, ihr Gören!

Doch schimpft er manchmal noch so sehr
auf unsre lauten Kehlen -
was wäre los, wenn er nicht wär?
Sein Fenster oben stünde leer,
uns würde echt was fehlen.

Opa Kutzner

Opa Kutzner ist nicht mehr.
Seine Laube steht jetzt leer.
Seine Katze streunt herum.
Seine Blumen knicken um.

Opa Kutzner war Erfinder,
schnitzte Flöten für uns Kinder,
baute uns an Regentagen
aus Gerümpel Bollerwagen.

Opa Kutzer war Erzähler,
kannte wilde Räubertäler,
hat auch Drachen selbst gesehen
(ohne jemals auszugehen).

Opa Kutzner konnte singen,
uns damit zum Lachen bringen.
Seine Laube steht jetzt leer.
Opa Kutzner ist nicht mehr.

8
Das Angsthasen-Kabäuschen

Angsthase, Pfeffernase

Angsthase, Pfeffernase,
morgen kommt der Osterhase,
übermorgen Liederjan,
ganz und gar aus Marzipan
und mit Schokoladenlocken
plus zwei rosa Zuckersocken.
Wer daran leckt,
der weiß wie's schmeckt,
der wird ganz süß,
bis an de Füß',
den frisst die Katz
SCHMATZ!

Mut trifft Angst

Der Mut trifft die Angst.
Er sagt: Geh doch mit,
ich mache dich fit!

Was du so verlangst,
sagt die Angst und kehrt um.

Ruft der Mut: Reichlich dumm,
einfach weg zu marschieren,
statt's mit mir zu probieren!
Braucht nicht einer den andern
bei so mancher Gefahr?

Seither sieht man sie wandern,
unzertrennlich als Paar.

Also tschüs und gute Nacht

Geht ihr jetzt? Kommt ihr bald?
Darf ich euch noch winken?
Muss noch mal. Mir ist kalt.
Kann ich noch was trinken?
Lasst die Tür noch angelehnt!
Bleibt im Flur die Lampe brennen?
Weil, wie soll ich sonst im Dunkeln
meine Armbanduhr erkennen ...

Geht ihr jetzt? Wird es spät?
Setzt euch noch ein bisschen.
Bringt was mit! Wenn ihr geht,
krieg ich noch ein Küsschen?
Hast du dir die Clowngeschichte,
Papa, selber ausgedacht?
Was ich euch noch sagen wollte:
Also tschüs und gute Nacht.

Geht ihr jetzt? Fahrt ihr weit?
Wird euch nichts passieren?
Will mit euch jederzeit
schnell telefonieren!
Was mein Kater Kasimir
heut für spitze Krallen macht!
Er und Bär und Krokodil
halten hinterm Fenster Wacht.

Alles still. Sind sie fort?
So, ich bin alleine.
Ich und Angst? Ehrenwort,
ich hab wirklich keine.
Wenn es in den Wänden piept,
sind es bloß die Mäuschen.
Knarrt es an den Fensterläden,
streicht der Wind ums Häuschen.

Geschafft!

Erst kommt die Angst,
dann ein Vielleicht,
dann kommt das Ja -
du hast's erreicht!

Kroko beim Zahnarzt

Kroko sitzt beim Zahnarzt.
Der guckt in sein Maul.
Ist von Krokos Beißern
etwa einer faul?
Faul ist da keiner.
Da wackelt bloß einer.

Kroko muss gleich weinen,
friert und bebt und zittert.
Zieht der Zahnarzt einen?
Aber wenn der splittert!
Dann bohrt der im Loch,
das weiß Kroko doch!

Der Zahnarzt nimmt den Finger
und tippt sie einzeln an.
Ganz fest, die spitzen Dinger.
Nun kommt der Eckzahn dran.
Der Eckzahn ist lose!
Gleich geht's in die Hose ...

Der Zahnarzt tippt mit Tücke.
Rackskracks, da kommt im Bogen
aus einer neuen Lücke
der Eckzahn angeflogen!
So, fertig mein Sohn.
Das war's wirklich schon?

Zittern und Heulen

Wenn du zitterst, heulst und bangst,
hast du höchstwahrscheinlich Angst.

Stell dir einen Bären vor
mit 'nem Flunkerfloh im Ohr
und den Pelz ganz voller Wanzen.
Guck, der Bär fängt an zu tanzen.
Wie der seine Beine rüttelt!
Wie der beide Ohren schüttelt,
bis die Wanzen und der Floh
rausgehopst sind irgendwo
und mit Schimpfen und mit Pfeifen
hopplahopp die Flucht ergreifen!

Über solche dummen Sachen
musst du plötzlich richtig lachen.
Und wie fing das Ganze an?
Na, erinnerst du dich dran?

Angst im Nacken

Die Angst sitzt mir im Nacken,
als riesig schwerer Packen.
Ich laufe blitzschnell weg,
doch das hat keinen Zweck.
Da kann ich noch so flitzen,
die bleibt da einfach sitzen
und zwickt mich schadenfroh.
Jetzt schmeiß ich sie ins Klo!

Angst-Wegscheuch-Reim

Buchstabierst du dieses Wort,
scheucht es alles Böse fort:
  A wie Abend, Auto, Adel
  N wie Nase, Nebel, Nadel,
  G wie Garten, Gans und Glück,
  S wie Sonne, Stuhl und Stück,
  T wie Tasse, Tür und Tal.
Sprich das Ganze siebenmal!
Wetten, du hast unterdessen
völlig deine Angst vergessen?

Von der wichtigen Angst

Deine Angst ist manchmal wichtig,
dadurch machst du alles richtig:

Auf der hohen Wackelleiter
kletterst du kein Stückchen weiter,
denn du spürst sie plötzlich wippen
und hast Angst, du könntest kippen.

Triffst du einen fremden Mann
und der spricht dich freundlich an:
Komm, steig in mein Auto ein,
kriegst du Angst und schreist laut: Nein!

Feuer leuchtet wunderbar,
doch da lauert auch Gefahr.
Weil es dich verbrennen kann,
wagst du dich nicht nah heran.

Deine die Angst ist manchmal wichtig,
denn dann machst du alles richtig!

9
Das Mutmach-Gelass

Dreimeterbrett

Ich brauche einen Fingerhut
bis oben hin gefüllt mit Mut.
Vielleicht ein kleines bisschen mehr,
die Angst macht meine Glieder schwer.
Mein Herz, das poltert bup bup bum - -
ich trau mich nicht, ich kehre um!
Da stößt mich wer,
das ist nicht nett - -
ich fliege
vom
Drei
me
ter
br...
platsch!

Ich bin der Mutigste

Ich steck den Billy, diese Flasche
mitsamt den Ohren in die Tasche!
Ich springe vom Zehnmeterturm!
Ich schlucke einen Regenwurm!
Ich schaff zwölf Stunden Dauerlauf!
Ich hau dem Köter eine drauf!
Ich nehme Spinnen mit ins Bett!
Ich schlaf auf einem Nagelbrett!
Ich trau mich in den Rattenkeller!
Ich ess die Wurst mitsamt dem Teller!
Ich werd' dem Räuber eine knallen!
Ich bin der Mutigste von allen!

Du bist stark

Wenn dich ein andrer haut,
dann protestiere laut!
Lädt dich ein Fremder ein,
dann ruf ganz deutlich: Nein!

Trag mutig jederzeit
dein schrilles Lieblingskleid
Zeig deine Frohnatur
mit einer Punkfrisur!

Lacht dich dann jemand aus,
mach dir 'nen Schnurz daraus.
Auch, wenn's zum Ärgern ist:
du weißt, wie stark du bist!

Stolz

Der große Heiner hat mich grad
geschubst und ausgelacht.
Und ich, ich hab mit meinem Rad
auf so'nem blöden Trampelpfad
'ne Bruchlandung gemacht.

Hab ihn von unten bis nach oben
verächtlich angeguckt,
mein Fahrrad wortlos aufgehoben,
ganz stolz an dem vorbei geschoben,
die Tränen weg geschluckt.

Klapperschlange

Ich bin allein zu Haus
und zieh die Kleider aus.
Jetzt will ich schlafen gehen.
Doch erst muss ich was sehen.

Vielleicht liegt unterm Bett
ein klappriges Skelett,
dem alle Knochen zucken?
Ich muss mal drunter gucken.

Da ist was, ich erschrecke,
was Dunkles in der Ecke!
Sieht aus wie eine lange
gerollte Klapperschlange ...

Mein Herz klopft immer mehr.
Die Taschenlampe her!
Was wird mich da gleich schocken?
Bloß meine alten Socken ...

Angeber-Jimmi

Jimmi fühlt sich große Klasse,
hat die Taschen voll mit Geld.
Mich nennt er 'ne trübe Tasse,
weil er sich für super hält.

Jimmi trägt die coolste Jacke,
fährt das schnellste Superrad.
Jeder hat bei dem 'ne Macke,
der bloß alte Sachen hat.

Jimmi hab ich grad' getroffen,
zweimal hat er mich geknufft.
„Mann, du bist wohl stockbesoffen!",
hab ich losgebrüllt. „Du Schuft!"

Jimmi wurde plötzlich kleinlaut,
denn da kam der starke Peer,
der gern andern eine reinhaut.
Jimmi sah man prompt nicht mehr ...

Du bleibst du

Egal, ob Malle blökt vor Zorn:
"Verschwinde, blöde Kuh,
was glotzt du immerzu!"
Du hast ja keine Hörner vorn
und bleibst doch immer DU.

Hör nicht auf Malles Wutgeschrei:
"Hau ab, du dummes Huhn,
was hast du hier tun!"
Du gackerst nicht und legst kein Ei
und gehst in Menschenschuh'n.

Und macht dich Malle wieder schlecht:
"Du mit dem Mopsgesicht
hau ab, ich mag dich nicht!"
Glaub's nicht, dich mögen ALLE hier.
Der Malle ist nicht dicht!

Der Wolf

Mein Onkel Rolf
erzählt vom Wolf
mit lächelndem Gesicht:
Der Wolf ist grau
und auch sehr schlau,
doch Kinder frisst er nicht.
Fern lebt er nur
in der Natur
und manchmal auch im Zoo.
Hörst du was heulen,
sind's höchstens Eulen
draußen irgendwo.

Ich mach den Mund auf

Küss mich nicht mitten ins Gesicht,
die Spuckeküsschen mag ich nicht!
Du nörgelst nur an mir herum,
bin ich denn blöd und affendumm?

Wieso gibt's Arme auf der Welt,
die Banken sind doch voll mit Geld?
Wer macht den Krieg mit all den Toten,
sind Mord und Totschlag nicht verboten?

Warum hab ich den Mund zu halten?
Ihr tratscht doch selber viel, ihr Alten!
Ich mach den Mund auf, wann ich will,
sag, was ich denke und bin still.

10
Die Wut- und Streit-Stube

Wuuut!

Der Saukopf von Lars,
der war's!
Dem werde ich's geben,
der kann was erleben!
Der krallt sich mein Rad,
weil er grad keins hat,
dreht frech seine Runden,
bleibt Stunden verschwunden,
stellt's heimlich vors Haus
und die Luft ist raus!
Mist, mein Fahrrad, das hat'n
verdammt blöden Platten!
Und wer flickt den Schlauch?
Ich hab Wuuut im Bauch!!!

Großer Bruder

Ich springe im Quadrat vor Wut.
Mein blöder großer Bruder!
Die Oma nennt ihn Tunichtgut,
ich ein gemeines Luder.
Den Laptop hat er mir geklaut,
den teuren für die Schule!
Ich hab dafür sein Rad versaut
in einer Modderkuhle.

Da kommt er, mich verlässt der Mumm.
Der wird mir eine kleben.
Ich dreh mich weg und kehre um,
sonst kann ich was erleben.
Dein Laptop, toll! ruft er und lacht,
hab ihn mal ausprobiert.
Was hast du mit dem Rad gemacht?
Au Mann, bist du verschmiert!

Aus Wut wird Mut

Siehst du mal vor Ärger rot,
weil dich jemand fies bedroht,
oder wirst du ausgelacht
und ganz dämlich angemacht -
wehre dich, dann geht's dir gut!
Du bist stark,
aus Wut wird Mut.

Lass dich bloß nicht unterkriegen,
wenn im Streit die Fetzen fliegen.
Stänkerfritz die Meinung geigen
oder kalt die Schulter zeigen -
wehre dich, dann geht's dir gut!
Du bist stark,
aus Wut wird Mut.

Bist du auch nicht hart wie Holz,
hast du doch genügend Stolz.
Wer dich ungerecht behandelt,
dich gern in ein Nichts verwandelt,
dem erklärst du ganz in Ruh:
Dieses Nichts bist nämlich du!
Wehre dich, dann geht's dir gut!
Du bist stark,
aus Wut wird Mut.

Der Schlaf

Der Schlaf nimmt alle Sorgen,
der Schlaf nimmt alle Wut.
Erwachst du dann am Morgen,
schmeckt's Müsli wieder gut.

Ich pack dich

Ich pack dich gleich am Kragen!
Mir kocht verdammt das Blut!
Ich möchte um mich schlagen,
sonst platze ich vor Wut!
Ich könnte toben, schreien,
dir ganz was Mieses sagen!
Komm bloß nicht mit Verzeihen
und dich mit mir vertragen!
Das könnte dir so passen, klar?
Da wart mal noch bis nächstes Jahr!

Wut-Wegscheuch-Reim

Zähl bis fünfundsiebzig,
deine Wut, die gibt sich.
Zähle, zähle fleißig
bis zu hundertdreißig.
Zählst du ein paar Stunden,
ist die Wut verschwunden!
(Ab tausend wirst du dusselig,
dann ist dein Mund ganz fusselig.)

Versöhnt euch

Manchmal nerven Streit und Zank
tagelang.
Stets den Schuldigen zu suchen
unter Wüten, Drohen, Fluchen,
macht Gesichter grün und hässlich,
klingt echt kakophon und grässlich.
Drum versöhnt euch, Bruder, Schwester,
zum harmonischen Orchester!

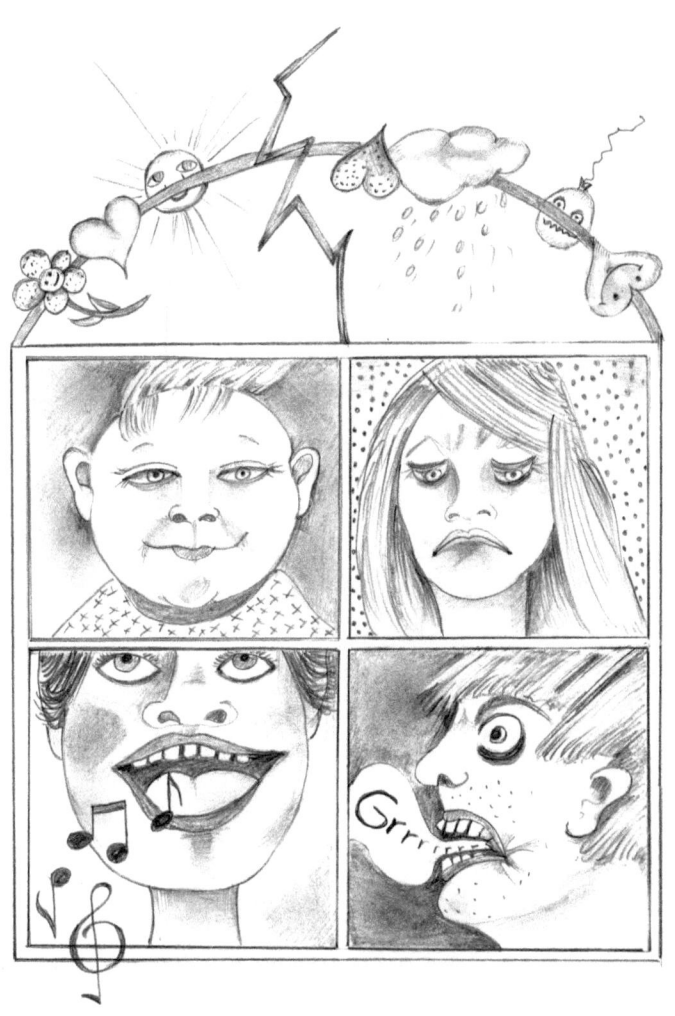

11
Das Stimmungs-Kabinett

Morgens

Morgens, wenn mich Mama weckt,
grunz ich wie ein Schwein.
Ich bleib noch extra zugedeckt.
Gleich schlaf ich wieder ein.
Ich möchte dösen bis um zehn,
die Glieder sind so schwer.
Heut mag ich nicht zur Schule gehn.
Ach, wenn schon Sonntag wär!

Abends, wenn ich schlafen soll,
schlag ich beleidigt Krach.
Grad spiele ich doch supertoll
und bin noch viel zu wach.
Ich will erst später schlafen gehn!
Da mahnt die Mama: Schluss!
Pech, morgen heißt es früh aufstehn,
weil ich zur Schule muss ...

Katrin

Hat Katrin einen guten Tag,
dann lacht sie, dass sie jeder mag
und ist ein Sonnenscheinchen.

Doch fängt der Tag mit Ärger an,
dann guckt sie wie ein Pavian
und grunzt so wie ein Schweinchen.

Wieder froh

Sehr traurig ist mein kleiner Floh,
er möchte sich verstecken.
Doch morgen hüpft er wieder froh
und will die Welt entdecken.
Bevor er aber hüpft und springt,
muss ich ihn knuddeln.
Unbedingt!

Du bist einmalig

Deine Augen hat kein Zweiter,
deinen kleinen Eigensinn.
Niemand lacht wie du so heiter
mit 'nem Grübchen auf dem Kinn.

Was du denkst und fühlst und träumst,
was du weißt, was du erreichst,
was du tust, was du versäumst -
es gibt keinen, dem du gleichst.

Du bist einmalig auf Erden,
nicht geklont und nicht genormt.
Wer ließ dich so einzig werden?
Wer hat dich so wohlgeformt?

Nun, du bist, wie ich mir denk,
einfach eine Prachtfigur
und ein herrliches Geschenk
aus dem Fundus der Natur!

Robinsoninsel

Eine Insel möcht ich finden,
so wie Robinson.
Spurlos würde ich verschwinden
ohne einen Ton.

Kein Geschimpfe, kein Gezeter:
Mach jetzt dies, mach das
und verschieb es nicht auf später!
Wie ich so was hass!

Freitag würde nicht groß fragen,
wer ich einmal war,
und ich könnte lässig sagen:
Kumpel, alles klar.

Minka unterm Rasen

Meine Katze ist gestorben.
Die war schrecklich krank,
hatte sich den Bauch verdorben,
maunzte tagelang.

Minka liegt jetzt unterm Rasen.
Da wird's duster sein.
Über Minka hoppeln Hasen,
hebt der Hund sein Bein.

Meine Minka in der Erde
ist dort nicht allein.
Denn der Maulwurf sagt, er werde
nun ihr Wächter sein.

Dur und Moll

Mal guckst du wach, mal kläglich,
mal froh, mal sehnsuchtsvoll.
Dein Spiegel zeigt dir täglich,
was Dur ist und was Moll.

Moll stimmt dich still und gütig,
es klingt sehr weich und zart.
Dur macht dich übermütig
mit fröhlich heller Art.

Meist zeigt sich unser Leben
melodischer Natur.
Welch Träume wir auch weben -
mal spielt es Moll, mal Dur.

Wolkenschlösser

Wie schön, in die Wolken zu schauen,
wo Weiß sich am Himmel bauscht,
und heimliche Schlösser zu bauen
aus Träumen, die niemand belauscht,

den Wind mit den Händen zu haschen,
mit Blicken die Ferne zu naschen,
Zwiesprache im Stillen zu halten
mit luftigen Himmelsgestalten!

Hinweg über Dächer zu schweben,
ist jedem, der Lust hat, erlaubt,
sich frei wie ein Spatz zu erheben,
viel leichter, als mancher so glaubt!

Lieblingsbaum

Mein Lieblingsbaum steht hinterm Dorf,
der schönste, wie ich finde.
Es ist die alte Linde.

Leg ich mein Ohr an ihren Stamm,
hör ich sie Worte sagen
aus längst vergangnen Tagen.

Sie flüstert mir Geschichten zu
und ist bestimmt schon bald
fünfhundert Jahre alt.

Und wenn ich einmal Kummer hab,
umarme ich die Rinde
und wachse an die Linde.

Die Augen zu, so halt ich still.
Aus ihrem Holz und Saft
durchfließt mich ihre Kraft.

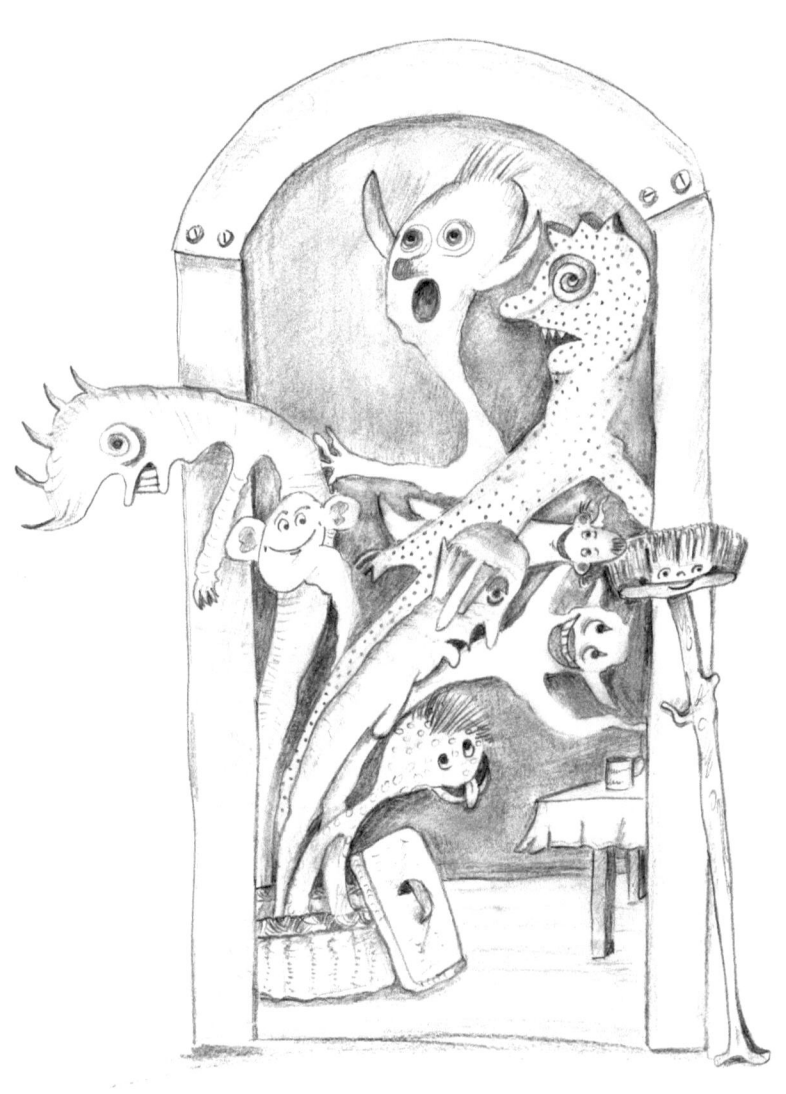

12
Das Spuk-Kabuff

Das Nachtgespenst

Heut Nacht, als du geschlafen hast,
bekam ich es zu sehn,
hab diesmal nämlich aufgepasst
und blieb am Fenster stehn.

Erst hat sich's hinterm Busch versteckt,
dann huschte es vors Haus.
Es war ganz bleich und langgestreckt
und sah abscheulich aus.

Zwei grüne Augen sah ich glühn,
das Maul war feuerrot.
Buh!, habe ich es angeschrien
und mit der Faust gedroht.

Es kriegte einen Affenschreck!
Mit einem Klageschrei
flog's übers Dach - husch, war es weg.
Es schlotterte dabei!

Nun Tinchen, mach die Augen zu,
es kommt bestimmt nicht mehr.
Vielleicht traut sich das Känguru
jetzt endlich wieder her?

Gespensterchen

Gespensterchen, Gespenster,
huscht nicht durchs Kellerfenster,
ich lass die Tür weit auf!
Euch lade ich heut alle ein
zu Popcorn, Müsli, Gänsewein,
ich freu mich schon darauf!

Heut Nacht bleib ich allein zu Haus,
die Eltern gehen lange aus.
Da machen wir Rabatz!
Wir pfeffern eine Kissenschlacht
und toben, dass die Bude kracht,
hier ist genügend Platz!

Gespensterchen, ihr sieben drallen,
ich möchte euch heut Nacht gefallen
und mach mich extra fein.
Ich geh als Lakenflattergeist,
der euch mit Mäusespeck beschmeißt.
Nur pünktlich müsst ihr sein.

Geisterstunde

Du bist Gast im Schloss des Grafen,
kriegst ein Himmelbett zum Schlafen.
Lachend warnt er: Nicht erschrecken,
wenn dich ein paar Geister necken ...
Pünktlich zwölf Uhr Mitternacht
poltert etwas, lacht und kracht.
Heulen, klagen, jaulen, wimmern
hörst du es aus allen Zimmern.
Eine Stunde lang Getöse!
Schließlich schreist du wirklich böse:
Schluss mit Spuken, Wimmern, Rennen!
Geister, lasst mich endlich pennen!!!

Mitternachtsmusik

Winde stöhnen, Glocken dröhnen,
Bilder fallen, Schüsse knallen,
Äxte hacken, Stufen knacken,
Dielen quietschen, Geigen fietschen,
Uhren schlagen, Stimmen klagen,
Motten schwirren, Scheiben klirren,
Schritte schleifen, Ratten pfeifen,
Hexen lachen, Türen krachen,
Balken ächzen, Raben krächzen,
Ketten rasseln, Feuer prasseln,
Monster scharren, Dielen knarren,
Donner grollen, Kegel rollen,
Flügel flattern, Ziegel rattern.
Jetzt ein Schuss! Plötzlich Schluss.

Im Dunkeln munkeln

Wenn im Dunkeln Augen funkeln,
und verstimmte Stimmen munkeln
ganz genau um Mitternacht,
sind die Geister aufgewacht.
Sollten sie zu schrecklich jaulen,
musst du sie sofort vergraulen:
Stinkesocken vor dem Fenster -
das vertreibt die Nachtgespenster!

Poltergeist

Ich kenne einen Poltergeist,
der gern in Katzenschwänze beißt:

Er klopft und tropft
er lallt und knallt
er niest und schießt
er holpert und stolpert
er haut und klaut
er klatscht und matscht
er hinkt und stinkt
er klirrt und schwirrt
er holtert und poltert
er lacht und kracht

und zeigt den Kindern dumme Sachen,
die sie klammheimlich selber machen ...

Das Besenstilzchen

Bis es endlich zwölf Uhr wird,
bleibt's im Beseneck.
Besenstilzchen kiekst und girrt,
hütet sein Versteck.

Plötzlich schmeißt es Sachen um,
Gläser gehn entzwei,
und darüber lacht sich's krumm,
etwa bis halb Drei.

Scheppern tut's im ganzen Haus
laut und sonderbar.
Willst du's fangen, wird nichts draus -
es ist unsichtbar.

Wenn der Geist kommt

Wenn der Geist kommt,
wenn der Geist kommt,
der mit Winden angereist kommt,
wartest du und bleibst noch wach.
Unter Stöhnen, Jaulen, Lallen
schleicht er sich mit spitzen Krallen
in dein Schlafgemach.

Doch der Geist sucht,
doch der Geist sucht
dich umsonst, wobei er meist flucht,
denn du hast dich gut versteckt.
In der alten Wäschetruhe
hockst du lauernd, ohne Schuhe,
von ihm unentdeckt.

Wenn der Geist kommt,
wenn der Geist kommt,
bist du diesmal auch ganz dreist prompt:
Springst mit einem Affenschrei
aus der alten Wäschetruhe
schmeißt ihm an den Kopf die Schuhe - -
Treffer! Spuk vorbei.

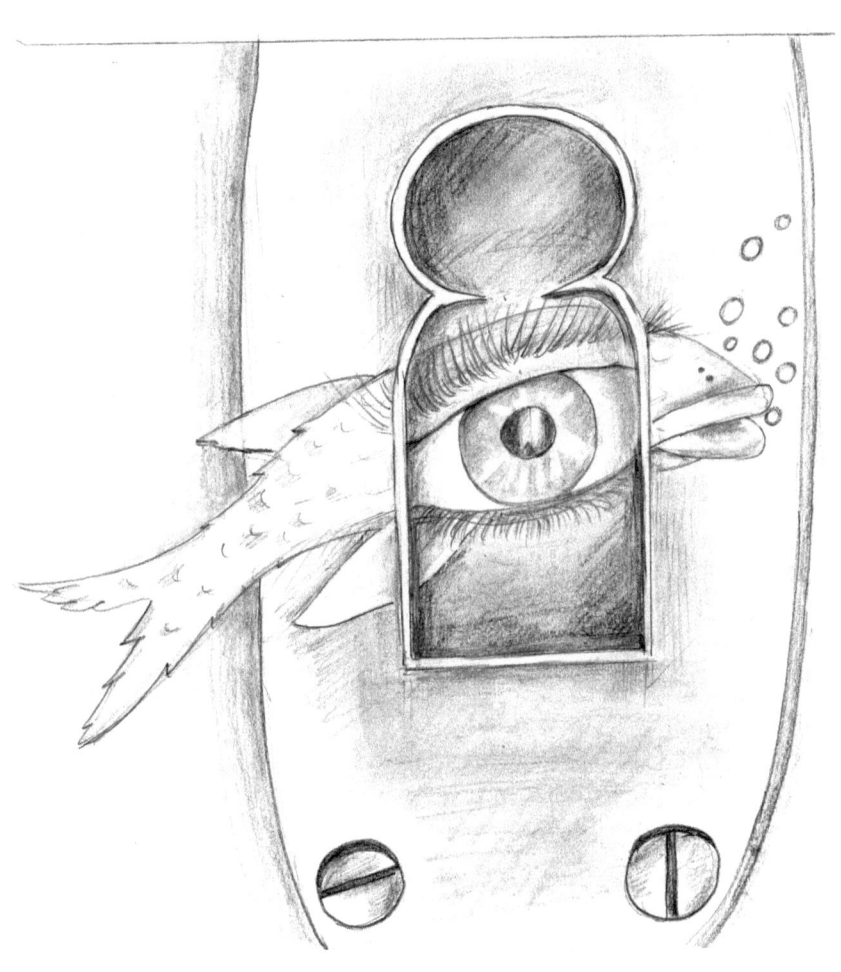

13
Die Geheimnis-Kammer

Versteck

Ich habe was entdeckt
das hab ich gut versteckt
im Garten hinterm Zaun,
da kann es keiner klau'n.
Und wenn wer fragt, was das wohl sei,
kriegt er gesagt: ein faules Ei ...

Der geheimnisvolle Sack

Da steht ein Sack vor meinem Haus!
Der steht ganz still und sieht so aus,
als ob er voll ist und nicht leer
und ein Geheimnis in ihm wär.

Ein Krümelchen, ein Blümelchen,
ein kleines Ungetümelchen?
Ein Röckelchen, ein Stöckelchen,
ein Kirchturmuhrenglöckelchen?
Ein Nudelchen, ein Pudelchen,
ein leckres Apfelstrudelchen?

Der Sack, der vor der Haustür steht,
ist zu, als sei er zugenäht.
Jetzt pack ich diesen Sack mal aus.
Nun seht, das alles kommt heraus:

Ein Schlüsselchen, ein Schüsselchen,
ein Elefantenrüsselchen.
Ein Häselchen, ein Gläselchen,
ein naseweises Näselchen.
Ein Nädelchen, ein Fädelchen
ein Junge und ein Mädelchen!

Traumgeheimnisbaum

Sitz ich in meinem Baumversteck,
bin ich für alle andern weg
und werde nicht gefunden.
Mich wiegt mein grünes Blätterzelt.
Und wenn das Wetter weiter hält,
bleib ich hier ein, zwei Stunden.

Flieg, Biene flieg,
dann machst du mir Musik.
Die Spatzen schwatzen.
Die Hummeln brummeln.
Der Käfer frisst Läuse.
Die Katze jagt - keine Mäuse!
Die Katze, die Katz -
mit einem Satz
erklimmt sie den Baum
und springt nach dem Spatz!

Sitz ich in meinem Baumversteck,
bin ich für alle andern weg
und hab doch viele Gäste.
Ich seh euch gut. Ihr seht mich kaum
in meinem Traumgeheimnisbaum.
Das ist daran das Beste.

Geburtstagsüberraschung

Ich habe ein Geheimnis,
das bleibt auch ganz geheim bis
zum siebzehnten April.
Dann schleiche ich ganz still
zur Tür herein und leg was hin.
Da ist was ganz Geheimes drin!

Mein Taschentier

In meiner Jacke hier
trag ich mein Taschentier.
Passt grad so rein,
ist winzig klein.
Nur ich kann's sehen
und gut verstehen.

Ich darf es ganz viel fragen
und ihm fast alles sagen.
Wo ich auch steh,
wohin ich geh -
auf Schritt und Tritt
kommt's mit mir mit.

Es macht mir immer Mut
und sagt: Du kannst das gut.
Es hetzt mich nie,
verpetzt mich nie,
und wenn ich will,
schweigt es ganz still.

Heimlichkeiten

Du und ich und ich und du,
wir wissen was, das keiner weiß.
Wir flüstern es uns manchmal zu,
nur heimlich, leise, leise, leis.

Dann kichern wir und nicken doll.
Wer glaubt, er riecht den Braten?
Geheimnis hüten geht ganz toll,
wir werden nichts verraten.

Geheimreim

Ich kenne einen Reim,
doch der ist höchst geheim.
Da könnt ihr lange fragen,
ich werde ihn nicht sagen.
Dem, der ihn trotzdem weiß,
spendiere ich ein Eis.

Gartengeheimnisse

Der Garten, mein Geheimniswald,
ist wild und wundervoll.
Der Haselstrauch hat die Gestalt
von einem alten Troll.

Die Rosenhecke ist ein Schloss
für eine Schar von Spatzen.
Vom kleinsten bis zum größten Spross
sind sie verspielt und schwatzen.

Ein Erdgeist ist im Lauch zu Haus,
ein Lindwurm in den Möhren,
im Löwenzahn geradeaus
sechs freche Zwergengören.

Lieg ich im Gras und lausche still,
hör ich die Flöhe husten.
Ich hör sogar, wenn ich es will,
die Pusteblumen pusten.

14
Das Gedanken-Gewölbe

Hinter meiner Stirn

Verschlungne Wege gehen
Gedanken durchs Gehirn.
Sie tanzen und sie drehen
sich hinter meiner Stirn.
Dort gibt es keine Ecken,
kein Rechteck, kein Quadrat
und nirgends einen Flecken,
der scharfe Kanten hat.

Gedanken wandern Kreise,
ganz zehenspitzenleise.

Gern nisten sie sich ein
an einem dunklen Ort,
um ungestört zu sein
als ungesprochnes Wort.
Aus dem und jenem Grund
fliegt manchmal einer aus
und kommt aus meinem Mund
vielleicht als REIM heraus?

Zwischenraum

Ein alter, weiser Zwischenraum
stand immer zwischen Baum und Baum.
Da kam die Säge schripp und schrapp
und sägte beide Bäume ab.
Was wurde aus dem Zwischenraum?
Den sieht man halt inzwischen kaum.

Welt aus Tönen

Wenn die Welt aus Tönen wär,
wär die Welt kein bisschen leer,
wär sie wunder-voll:
Meine Schule würde klingen
und mein Lehrer alles singen,
Mensch, das wäre toll.

Auf den Schildern mit Verboten
stünden statt Verboten Noten.
Macht statt Lärm Musik!
Töne könnten viel verändern -
Streitigkeiten zwischen Ländern?
Auf, zum Sängerkrieg!

Feinde würden sich nicht quälen,
Geigen als Bewaffnung wählen,
Schlagzeug und Kornett.
Statt zu töten und zu morden,
spielte Süden gegen Norden
schmissig ein Duett.

Wäre jedes Ding aus Tönen,
würde uns Musik versöhnen.
Die verbindet sehr!
Habe allerdings vergessen,
dass ein Klangbildmittagessen
Quatsch mit Soße wär.

Der Dirigent

Der Dirigent ist dazu da,
dass er den Taktstock führt,
damit sich die Frau Musika
harmonisch präsentiert.

Und das geht so: Noch sitzen stumm,
ihr Instrument bereit,
die Musiker im Kreis herum.
Nichts hört man weit und breit.

Da hebt der Dirigent den Stab,
und die Musik erwacht.
Ein erster Ton schwingt auf und ab,
ein Sturm an Klang entfacht.

Der Dirigent bewegt den Arm,
zeigt dem Orchester an:
Der nächste Klang ist weich und warm,
nun ist ein Donner dran.

Und stünde dort kein Dirigent,
dann könnte dies geschehn:
Die Bratsche lahmt, die Flöte rennt -
hühott, auf Wiedersehn!

Die Wand

„Viel mehr als du und allerhand",
erzählte mal die Kirchturmwand,
„krieg ich zu hören und zu sehen,
weil Mauern ein- und auswärts stehen".
Und das ist wahr, zu allen Zeiten
sah sie das Leben von zwei Seiten.

Dreiheiterkeitserweiterung

Ein Ung spazierte neulich weit,
höchst quietschvergnügt und heiter,
traf unterwegs auf Heit und Keit.
Voll Heiterkeit ging Ung mit Heit
und Keit ein Wegstück weiter.
Sie waren von Beruf nur Endung,
doch wichtig für so manches Wort.
Und spricht hier jemand von Verschwendung
und überflüssiger Verwendung:
Manch Wort wär NICHTS, ließ' man sie fort!

Was wäre Spann, was wäre Dicht,
was wären Hoh und Kleinig?
Sie stünden da in falschem Licht.
Ja, man verstünde sie auch nicht,
da sind wir uns wohl einig.
Grad bog ein Ling in ihre Spur.
Das sorgte für Erheiterung!
Es wollte mit, ein Stündchen nur -
so kam es für das Ung noch zur
Dreiheiterkeitserweiterung.

Antipoden

Könnten wir von den Azoren
Löcher nach Neuseeland bohren,
quer durch unsern Erdenball
(nur mal so gesetzt den Fall),
säh'n wir Sohlen auf dem Boden
von verschiednen Antipoden,
die vom Kopf bis zu den Zehen
allesamt verkehrt rum gehen.
Munter wandern sie kopfunter,
keiner fällt ins Weltall runter!

Sichtweisen

Blöd, stöhnt das Vorn vom Hemd,
mein Hinten ist mir fremd.
Ich kann mich noch so drehen
und krieg's doch nie zu sehen.

Der Schuh seufzt vor sich hin:
Ich bin ein Außendrin,
teils an der frischen Luft,
teils innen, wo es mufft.

Die Hose hört man klagen:
Zwei Beine, die mich tragen,
im Ansatz zwar gemeinsam
und dennoch jedes einsam.

Fatal ruft da der Schal,
ich aal mich wie ein Aal
um Falten einer Alten
und immer bloß im Kalten!

Unten und oben

Das Unten sprach zum Oben:
Ich muss dich jetzt mal loben.
Egal, ob Eis, ob Hitze -
du bist ganz einfach Spitze.

Das Oben sprach zum Unten:
Dich lob ich auch da drunten.
Geduldig trägst du mein Gewicht.
Wärst du nicht da, mich gäb es nicht.

Als Gott Urlaub machte

Zur Zeit, als Gott die Erde schuf,
war Architekt sein Hauptberuf.
Er baute Meere, Schluchten, Seen,
Gebirge, Wälder und Alleen.
Auch formte er die Tiere bald
und gab uns menschliche Gestalt.
Gott hatte schrecklich viel zu tun,
es wurde Zeit, mal auszuruhn!

Drei Tage hat er nachgedacht,
wer seine Arbeit weitermacht.
Sprach dann: Ihr Menschen habt Verstand,
ich leg die Welt in eure Hand.
Pflegt es und hegt das Erdenrund,
schmückt und bebaut es fröhlich bunt.
Geht nun und teilt es freundschaftlich.
Dies sagte Gott und entfernte sich.

Die Menschen wollten folgsam sein
und teilten eifrig alles ein:
in Gut und Schlecht,
in Herr und Knecht,
in Groß und Klein,
in Dein und Mein,
in Anders und Gleich,
in Arm und Reich,
in Norden und Süden,
in Krieg und Frieden,
in Betrüger und Polizisten,
in Heiden und Christen.
Und teilten mit Fleiß
noch Schwarz und Weiß.

Als Gott nach seinem Urlaub sah,
was seiner Schöpfungskunst geschah,
beschloss er aus Verdruss zu schweigen
und nie mehr sein Gesicht zu zeigen.

Die Welt verstehn

Wer immer nur zu Haus bleibt,
bekommt nicht viel zu sehen.
Nur, wen es oft hinaus treibt,
der wird die Welt verstehen.

Schaut Flüsse, Seen und Moore
und Wolken, weiß wie Schaum,
am Brunnen vor dem Tore
den alten Lindenbaum!

Wo alle Brünnlein fließen,
gehst du durch Wald und Feld,
siehst bunte Blümlein sprießen
und blaues Himmelszelt.

Hoch auf dem gelben Wagen,
im Schiff auf hoher See -
so wirst du fortgetragen,
lieb Heimatland, ade.

Kehrst du zurück dann balde,
schaust du zu Haus dich um:
Ein Männlein steht im Walde.
Es nickt und grüßt dich stumm.

15
Der Schloss-Tierpark

Igel

Der Igel pikt den Apfel auf
mit seinen Stachelspitzen.
So sieht man ihn in schnellem Lauf
zu seinen Kindern flitzen.
Den Apfel gibt's im Abendrot
geteilt durch vier zum Abendbrot.

Schnirkelschnecke

Stets musst du am Boden kriechen,
Schlamm und kühle Erde riechen.
Armer Bauch, so ohne Schutz,
rabenschwarz und voll mit Schmutz ...

Was du dringend brauchst, sind kleine,
drei, vier, fünf, sechs Schneckenbeine.
Schick wär auch ein Schneckenwagen,
weil, du hast so schwer zu tragen.

Bist schon schrecklich unterkühlt,
wenn man untendrunter fühlt.
Pass gut auf dich auf, denn ehrlich,
Schneckenschnupfen ist gefährlich!

Doch wer schenkt dir Schneckenbeine,
schöne schnelle, extra kleine?
Oder solchen Schneckenwagen?
Muss mal Opa Schulze fragen.

Spatz und Katz

Ein kleiner Spatz sitzt auf dem Baum,
wiegt sich leicht im Winde.
Sein Federbäuchlein siehst du kaum
in der hohen Linde.

Voll Hunger kommt die Ringelkatz
um ihm nachzuklettern
und hopp, ist sie mit einem Satz
in den Lindenblättern.

Der Spatz entdeckt die Katz sofort,
lauernd, starr und stumm.
Der Vogel ruft: Du Feigling dort,
hast wohl keinen Mumm!

Da springt die Katz von ihrem Platz
in die Wipfelspitzen.
Der Spatz fliegt rasch davon, die Katz
bleibt alleine sitzen.

Jetzt nützt ihr leider keine List,
weg ist ihre Beute.
Und wenn sie nicht geflogen ist,
sitzt sie da noch heute.

Das Wiesel

Das Wiesel, das Wiesel,
das wünscht', es wär ein Wasel
und hätt statt einem Nasel
ein Niesel ...

Die Sänger vom Teich

Einst hat mal der König der Frösche gesagt:
„Hört her, grüne Jungs: Wer am lieblichsten quakt,
der kriegt zur Gemahlin mein Töchterlein,
die zarte Prinzessin Vom Glitschigen Bein."

Da sangen neun Quaker voll Inbrunst zugleich
und bläkten und quäkten am finsteren Teich
ein jeder sein Lied der Prinzessin, der schönen -
nicht hübsch, aber laut, in abscheulichen Tönen.

Die Tochter des Froschkönigs wandte ihr Ohr
von einem zum anderen Sänger im Chor
und seufzte: „Es will mir doch ratsam erscheinen,
mein Vater, ich nehm' von den Jünglingen keinen."

Grad schwamm, so als ob nichts Besonderes wär,
ein bunter und stattlicher Enter daher.
Der wünschte den Fröschen am Teich guten Tag
und schnatterte fröhlich: „Quackquackerlaquak."

„Wie schön!", rief Prinzessin Vom Glitschigen Bein,
„der Enterich, der soll mein Bräutigam sein."
Dies war ihm sehr recht, dem gefiederten Herrn.
„Ich hab dich zum Fressen", so quakte er, „gern"

und kam, seine glitschige Braut zu verschlingen.
Platsch sah man dieselbe ins Teichwasser springen.
Es folgten ihr König und Sänger in Eile.
Ganz still war's am Teich eine ganze Weile.

Der Tausendfüßler

Herr Tausendfuß muss hinken,
ihn drückt so mancher Schuh,
zwei Dutzend von den linken,
drei rechte noch dazu.
Ihm wär's am angenehmsten
und sicher am bequemsten,
er zöge alle aus
und ginge ohne Schuhe
in Ruhe
nach Haus.
Jedoch bei tausend Schuh'n
bekäm' er ohne Frage
mit Ausziehn drei, vier Tage
zu tun...

Froschkonzert

Wenn die grünen Frösche quaken,
summen überm Teich die Schnaken.
So ein Schnaken-Frösche-Chor
klingt sehr schön für jedes Ohr.

Aber diese braunen Unken
quaken laut wie angetrunken,
flöten keine Flötentöne,
krächzen falsche Krötentöne!

Nur die Frösche singen rein
und die Schnaken sirren fein.
Drum hat man zum Froschkonzert
alle Unken ausgesperrt.
Wütend haben sich die Unken
prompt mit Gänsewein betrunken.

Der Wurm

Ein dicker, fetter WURM
geriet in einen Sturm.
Der blies ihm frech sein W davon,
da hieß er nur noch URM.

Stumm suchte URM sein W.
Patsch fiel er in den See.
Rasch schwamm er raus, wobei er fror
und leider auch sein U verlor.

Als RM kroch er herum.
Das war ihm echt zu dumm!
Mit vorne nichts, wer ist man schon?
Nur eine halbe Wurmportion.

Der Kummer fraß ihn klein,
dürr wie ein Spinnenbein.
So schwand auch bald sein R dahin.
Blieb nur das M, ganz ohne Sinn.

Er wurde ernstlich krank.
Da zog das M sich lang!
Als neues Würmchen kroch es los
und wurde wieder stark und groß.

16
Der Dachspeicher

Die alten Spielsachen

Wenn die Menschen endlich ruhen,
öffnen sich die Speichertruhen,
wo die Eltern schon seit Jahren
altes Spielzeug aufbewahren.
Dann schalten und walten
die alten Gestalten:

Der Kasper haut das Krokodil.
Der Kobold spielt das Kegelspiel.
Die Gliederpuppe Frieda
reckt knarzend alle Glieder.
Der Teddy mit dem halben Ohr
führt mit Gebrumm den Handstand vor.
Die Marionette Hans
hopst hölzern einen Tanz.
Und auf der rost'gen Eisenbahn
turnt Jan, der Clown aus Porzellan.

Du willst sie nachts mal sehen
und heimlich gucken gehen?
Das wird dir nicht gelingen,
sie können blitzschnell springen.
Dann klappen sie im Nu
die Truhe wieder zu.

Das Schaukelpferd

Nickt bloß stumm, blickt bloß dumm,
wippt am Fleck, kann nicht weg.
Träumt: Ich werd echt ein Pferd
ohne Kufen, eins mit Hufen.
Pferdchen, lauf! Staub sitzt auf ...
Kinderreiten war vor Zeiten.

Schornsteinrauch

Der Schornstein faucht und pustet
Rauch in die Luft und hustet.
Da lacht der Mond: Hi hi,
bis hierher schaffst du's nie!.

Wäscheleine

Auf der Speicherleine
hängen Hosenbeine,
Strampelhöschen, bunte Röckchen,
vierzehn kleine Babysöckchen,
Frottiertücher und der tolle
Pulli aus Merinowolle.

Durch die Luke haucht der Wind,
bis sie alle trocken sind.

Klaglos und so ganz ergeben
sieht man sie im Luftzug schweben.
Nur ein roter Socken jammert:
„Aufgehängt und angeklammert
fühl ich mich total beschränkt."
Was sich dieser Socken denkt!

Die alte Uhr

Schon lange hat die alte Uhr
nicht ihren Gong geschlagen.
Hat ausgedient, jetzt träumt sie nur
von längst vergangen Tagen.

Einst hing die schöne Pendeluhr
in einem hellen Zimmer.
Sie war von stattlicher Statur
und Mahagonischimmer.

Ihr glockenklares Stundenspiel
klang warm und sehr vertraut.
Sie hatte Klang und hatte Stil
und tickte gar nicht laut.

Dann hatte sie doch irgendwann
ein letztes Mal geschlagen.
Da hatte sie ein starker Mann
zum Speicher rauf getragen.

Fledermaus

Fledermäuse wohnen
im Kamin am Dach.
Suchen sich zu wärmen,
sind bei Tag nicht wach.
Hängen dort und schlafen
in dem dunklen Schacht.
Flattern erst im Dämmer los,
schwärzer als die Nacht.

Das alte Haus

Es kratzt und scharrt im Dachgebälk.
Die Ziegel ächzen.
Längst sind sie brüchig, müde, welk.
Die Raben krächzen,
als lachten sie das alte Haus
gehässig aus.
Bei Kälte, Hagel, Hitze
pfeift Wind durch jede Ritze.
Hinter betagten Latten
huschen Schatten.
Das Dach drückt
auf das morsche Holz.
Du hörst die Sparren
gebrechlich knarren.
Und doch steht's aufrecht noch
und stolz.

Eulen

Mitternacht vorbei.
Da, ein Klageschrei
macht mich wach.
Kommt vom Dach!
Schleich mich rauf,
Türe auf.
Wimmern, Munkeln
aus dem Dunkeln.
Schwarze Schatten.
Mäuse? Ratten?
Jemand weint,
jammert, greint ...
Ach, da putzen bloß zwei Eulen
ihre Brillen, weil sie heulen!

Seufzer der Speichertreppe

Uff, ächzt die Speichertreppe,
ich schleppe, schleppe, schleppe
nur schmutz'ge Menschenschuhe.
Wann hab ich endlich Ruhe?
Sie kommen ungebeten,
um mich ganz krumm zu treten!
Mir knarren alle Stufen
wie unter schweren Hufen.
So muss ich schon seit Jahren
manch derben Tritt erfahren.
Ach, wär'n sie Hexenwesen
und flögen nur auf Besen!

Die Spinne

Die Spinne unterm Dach vom Haus
denkt sich: Wie seh ich heute aus?

Ich hab die schönsten Fadenbeine
ganz lange, dünne, wunderfeine.
Drauf kann ich wippen, federn, tanzen,
noch viel graziöser als die Wanzen.

Auch kann ich zarte Netze spinnen,
in meiner Speicherecke drinnen.
Und Fliegen fang ich, über hundert!
Ich will, dass jemand mich bewundert!

Grad kommt die Großmama herauf
und hängt die nasse Wäsche auf.
Stolz krabble ich aus dem Versteck -
da rennt sie kreischend vor mir weg!

17
Der Hexenkeller

Kelleridylle

Spielt die Kröte
auf der Flöte
selbstversunken
walzertrunken,
fangen Mäuse,
Wanzen, Läuse
im Halbdunkeln
an zu schunkeln.
Und im Schatten
tanzen Ratten
zu sehr schönen
Harfentönen -
Spinnchens Netze,
wie ich schätze.
Rhythmisch rasseln
Kellerasseln
laut in Gruppen
mit den Schuppen!

Rumpelhex

Eins, zwei, drei und vier, fünf, sechs,
wer hat Angst vor der Rumpelhex?
Die rumpelt mitten in der Nacht,
erschreckt euch, weckt euch, kracht und lacht.
Jetzt bloß nicht ängstlich liegen bleiben,
ihr müsst die Rumpelhex vertreiben!
Nehmt jede Menge Krachmachsachen,
um einen Mordsradau zu machen.
Dann kriegt die Hexe einen Schreck,
kreischt: „Heilger Bimbam" und rennt weg.

Walpurgisnacht

Bis der erste Hahn erwacht
heißa, ist Walpurgisnacht!
Johlend reiten Hexenwesen
auf verhexten Hexenbesen.

Nur dies eine Mal im Jahr
trifft sie sich, die Hexenschar,
unterm alten Zedernwipfel
oben auf dem Blocksberggipfel.

Aus den Lüften, wüst zerzaust,
kommen sie herbei gesaust.
Mal zu zweit und mal zu dritt
flitzen sie im Hexenritt.

Treffen sie am Festplatz ein,
kichern, krähen sie und schrei'n.
Wer die kühnste Landung macht,
wird mit viel Applaus bedacht.

Jede trinkt bei Feuerschein
mysteriösen Feuerwein,
tanzt und springt und trällert laut,
bis der frühe Morgen graut.

Bald schon spürt man mit Verdruss:
Bis zum nächsten Jahr ist Schluss.
Husch, zurück zu den Verstecken
in verschwiegnen Mauerecken!

Die Hexe von Kranunkelstein

Die Hexe von Kranunkelstein
kann hexen, dass es kracht,
zum Beispiel wenn sie Feuerwein
aus Entengrütze macht.

Die Hexe von Kranunkelstein
wohnt gradeaus, dann links,
lebt ohne Mann für sich allein.
Das stört sie allerdings.

Die Hexe von Kranunkelstein,
die vieles hexen kann -
ach, fiele ihr ein Zauber ein
für einen Hexenmann!

Die Hexe von Kranunkelstein
spuckt auf ihr Zauberbuch.
Sie faucht und macht bei Vollmondschein
den hundertsten Versuch.

Die Hexe von Kranunkelstein
probiert's mit Lebertran
plus Teufelsschweiß und Mopsgebein
und Mehl aus Rattenzahn.

Die Hexe von Kranunkelstein
kreischt endlich: keinen Zweck!,
hext wütend alles kurz und klein
und rumms - sich selber weg.

Hexenzaubersprüche

Eile, Langeweile!
Langeweile, eile
in die wüste Sahara,
bleib 'ne lange Weile da,
weile lange und noch länger,
bis dich holt der Rattenfänger.

Spruch gegen böse Unken

Pass nur auf, ich fauch
Feuer aus dem Bauch!
Blixi blaxi Blubberblase,
racks, ich beiß dich in die Nase!

Spruch gegen unliebsame Gäste

Ich ruf das Heer der Kellerasseln,
Asseln, lasst die Teller rasseln!
Rattenkinder, kratzt und pfeift,
bis der Gast die Flucht ergreift!

Hexenkleckse

Ich mache einen Kleckser,
der ähnelt einem Hexer.
Ich hab ihn vor sein Haus gekleckst,
wo Hexenwurz mit Stacheln wächst.

Zu lang wird ihm die Zeit.
Da wär es nett zu zweit!
Er träumt von einer Hexenfrau
und wünscht sie sich als Klecks in Blau.

Ob ihm die jemand schenkt?
Das ist es, was er denkt ...
Ganz feurig wird ihm ums Gemüt,
wie Klatschmohn ist er aufgeblüht.

Wenn sich nun jemand bückt
und ihn vom Boden pflückt?
Dann beißt er mit dem Hexenzahn
und fängt ganz wild zu klecksen an.

Hexchens Traumreise

Hexchen träumt von Echsenwesen
und von Feuerdrachen
und will auf dem Hexenbesen
einen Ausflug machen.

Holt den Besen aus dem Keller,
steigt aufs Fluggestell.
Plötzlich dreht sich's immer schneller
wie ein Karussell.

„Besen, ich befehle dir,
wieder still zu stehen!"
Doch der wilde Besen hier
will sich weiter drehen.

Flitzt als Blitz von Ort zu Ort,
dreist und unbeirrt.
Hexchen schreit: „Halt an, sofort!",
weil ihr schwindlig wird.

Schließlich springt sie voller Wut
ab im Kölner Zoo.
Sie wird wach, und liegt, wie gut,
in ihrem Bett aus Stroh!

Kellerdunkel

Seltsam: Mach ich Kellerlicht,
fürchte ich mich plötzlich nicht.
Alles weg, was mich erschreckte.
Nur im Schrank das Eingeweckte,
Räder und Kartoffelsäcke,
Papas Werkbank in der Ecke
für den Sperrmüll alte Sachen,
Holz und mein kaputter Drachen.
Gruselwesen, merk ich eben,
können nur im Dunkeln leben!

Hexenkeller

Im Keller gibt es eine Bank,
ein Hirschgeweih, den Hexenschrank,
fünf Besen, eine Zauberdecke
und viel Gerümpel in der Ecke.

Mistkäfer sieht man in den Ritzen
gemütlich sitzen oder flitzen.
Dann gibt es viele Spinnetze,
so etwa hundert, wie ich schätze.

Die Oberspinne hat nie Zeit,
sie spinnt ihr Garn fürs Winterkleid.
Die Kröte gähnt ganz abgrundtief,
sie sitzt nur krumm und guckt so schief.

Dick liegt der Staub auf allen Sachen.
Da muss mal jemand sauber machen!
Was gibt's im Hexenkeller noch?
Das Hexenrumpelpumpelloch.

18
Die Jahreszeiten-Galerie

Das Jahr hat bunte Socken an

Das Jahr hat bunte Socken an,
damit es munter wandern kann:

Es trägt im Monat Januar
ein neues, weißes Sockenpaar
und gleich danach im Februar
ein Paar, wie Eis so gläsern klar.

Erdfarb'ne wärmen es im März,
es wandert darin frühlingwärts.
„Was trag ich jetzt?" Ach, im April
weiß es kein bisschen, was es will.

Die Maiensöckchen sind adrett,
so wie der Flieder violett.
Doch kommt der Juni dann daher,
mag es die wiesenbunten mehr.

Im Juli, wenn die Ähre reift,
sind seine Strümpfe gelb gestreift.
Wird's immer heißer im August,
hat es zum Barfußlaufen Lust.

Dann im September irgendwann
sind die kastanienbraunen dran.
Gleich im Oktober schlüpft's geschwind
in Socken, die rotgolden sind.

Bläst der Novemberwind schon rau,
bestrumpft es sich nur grau und grau.
Erst im Dezember zieht es dann
vom Weihnachtsmann die roten an.

Zauberer-Rätsel

Ein Zauberer geht um,
ganz unsichtbar und stumm.
Von seinem warmen Atemhauch
erwachen Blume, Baum und Strauch
und alles drum herum.

Mit unsichtbarer Hand
bemalt er Stadt und Land.
Er braucht sich gar nicht abzumühn:
Ein Streicheln nur, schon leuchtet grün,
wo vorher Kahles stand.

(Wie heißt der Zauberer?)

Frühlingsbeginn

Die Amsel pfeift ihr Frühlingslied
und putzt schon ihr Gefieder.
Das treibt den Winter fort, der flieht
und kommt so bald nicht wieder.
Wie alles aus dem Schlaf erwacht
und sich die Welt verändert!
Schau in den Garten - über Nacht
ist alles grün umrändert.

Gebüsch und Wiese, Baum und Strauch
sind samtig überzogen.
Der Frühling kommt als zarter Hauch
unmerklich angeflogen.
Da gluckst der Bach in seinem Lauf,
so sehr ist er verwundert:
Der Frühling knipst die Knospen auf,
erst zehn, dann viele hundert.

Osterhasengedicht

Im Frühjahr sind die Farben schon
recht duftig hell, noch Ton in Ton.
Höchst spärlich grünt der Rasen.
Und weil erst alles zaghaft blüht,
bevor der Sommer Farben sprüht,
ruft man den Osterhasen.

Der Osterhase nämlich schuf
beizeiten sich als Hauptberuf
viel Kenntnis im Bemalen.
Er pinselt blasse Eier bunt,
verstreut sie neben Primeln und
in Himbeerhecken, kahlen.

Er hat auch eine Hasenfrau
und Kinder, sieben Stück genau,
schön rund und babyspeckig.
Zum Helfen sind sie noch zu klein,
sie patschen in die Farben rein
und kleckern alles scheckig.

Der Osterhasenvater macht
allein die bunte Wiesenpracht
zum Osterglockenklange.
Ob du dein hübsches Osternest
ein Weilchen ungegessen lässt?
Dann hält die Pracht noch lange.

Storchengeschichte

Frau Störchin und Herr Adebar
sind wieder da, wie jedes Jahr.
Seht nur hinauf zum Kirchturmnest!
Das schwarz-weiß-rote Storchenpaar
begeht dort heut sein Wiegenfest.

Drei junge Störchlein kamen an
im Morgengrauen irgendwann.
Da bleiben alle Leute stehn.
Der Schornsteinfeger ruft: Ich kann
die winzig kleinen Schnäbel sehn!

Er steht hoch auf dem Nachbardach
und sieht, die Störche sind schon wach.
Die Storcheneltern fliegen fort
zum Sumpfgebiet am grünen Bach -
sie finden reichlich Nahrung dort.

Dann schwingen sie sich auf zum Turm
und bringen Frosch und Fisch und Wurm.
Unmengen fressen ihre Kleinen!
Bei Regen, Wind und größtem Sturm
sind Storcheneltern auf den Beinen.

Kaum sind die Storchenkinder groß,
geht schon die große Reise los
ins sonnig ferne Afrika.
So mancher schafft's zur Hälfte bloß,
der Rest ist kraftlos, aber DA!

Sommerspiele

Der Sommer hat Flügel
und schaukelt zum Spaß
am sonnigen Hügel,
auf Blüten und Gras.
Der Sommer hat Klänge
in Stadt, Land und Wald.
Dem Tag gibt er Länge
und helle Gestalt.

Der Sommer hat Schatten,
die malt er mit Licht,
dem Himmel, dem glatten,
ein Wölkchengesicht.
Der Sommer hat Hitze,
ein Eis in der Hand
und sonnige Sitze
im Park und am Strand.

Der Sommer macht Kinder
ganz nass und ganz braun
und ist der Erfinder
vom Sandburgen bau'n.

Herbstmorgen

Es fällt nun Blatt um Blatt
vom Eichbaum, braun und rot.
Das Auto fährt sie platt
und macht sie tot.

Der Himmel ist verhangen,
kein Sonnenrot zu sehn.
Schier endlos sind die langen
Asphaltchausseen.

Die Vögel im Geäst
erblickst du aufgedeckt.
Sie hatten einst ihr Nest
im Baum versteckt.

Du wanderst wie im Traum
in deinen Schal gemummt.
Dein Sommervogelbaum
ist längst verstummt.

Entfernt vom Morgentau
vergeht in Rau und Reif
ein Restchen Himmelblau -
des Sommers Schweif.

Laternenfest

Wenn's regnet, gehn die Lichter aus.
Das wollen wir nicht hoffen!
Wir singen in die Nacht hinaus,
das lockt die Leute aus dem Haus.
Die Türen stehen offen.

Laternen schwanken durch die Stadt,
vorbei an unserm Garten.
Bunt flackern sie und wippen matt.
Wer liegt im Bett, der Grippe hat?
Der muss jetzt ein Jahr warten.

Die Himmelslichter stehen still,
die unten tanzen munter.
Gibt's einen, der ein Sternlein will,
ein Immerglühn-Laternlein will?
Dem pflück ich eins herunter.

Schneemann, Rübe und Rabe

Rabenschwarzer Rabe,
guckst du, was ich habe?
Einen Topf
auf dem Kopf,
einen schwarzen Augenknopf.

Willst wie alle Raben,
meine Nase haben.
Fliegst mir dicht
vors Gesicht -
weg! Die Rübe kriegst du nicht!

Rübenräuber Rabe,
klaust mir meine Habe!
Friss sie doch!
Bleibt mir noch
immerhin ein NasenLOCH.

Zum Jahresende

Nun musst du gehen, altes Jahr,
du bleibst nur noch Erinnerung.
Dort kommt das neue, frisch und jung -
macht es wohl meine Wünsche wahr?

Ich wünsch mir, dass es tüchtig schneit!
Den Armen wünsche ich mehr Geld,
und Frieden wünsch ich für die Welt
und nirgends Hunger mehr und Leid.

Leb wohl, leb wohl nun, altes Jahr!
Du wirst mit lautem Knall vertrieben
und wärst so gerne noch geblieben.
Dir winkt die ganze Kinderschar!

19
Der Wind- und Wetter-Turm

Kind vom Wind

Ich bin das kleine Kind vom Wind
und meines Vaters Stolz.
Wir toben, bis wir müde sind,
im Wald, da kracht das Holz.
Mein Vater ist der große Sturm,
der fegt die Bäume leer,
er jagt durchs Tal und heult im Turm
und wiegt das weite Meer.

Ich sitz als Reiter auf ihm drauf
und halt mich an ihm fest,
guck durch ihn durch und passe auf,
was er erzittern lässt.
Ist er mal krank und bleibt zu Haus,
darf ich schon selber wehn.
Ich blas die Pusteblumen aus,
die auf den Wiesen stehn.

Gewitter

Wenn es am Himmel kracht
und blitzt in dunkler Nacht,
verkriecht sich unser Hund.
Ich aus dem selben Grund.

Ich habe ein Versteck,
wo Fello mit mir sitzt.
Wir beide, wir sind weg,
bis es nicht länger blitzt.

Wir warten bange. Mist,
noch zuckt das grelle Licht.
Wo mein Geheimplatz ist?
Nö, das verrat ich nicht.

Pfützenwetter

Heut hat der Himmel Schnupfen.
Er schnupft die Dächer blank
und sprenkelt dunkle Tupfen
den ganzen Weg entlang.

Guck, vor den kleinen Pfützen
sträubt sich der große Hund!
Was schert es Schirm und Mützen?
Die lachen frech und bunt.

Der Regen ist verklungen.
Die Sonne schickt ihr Heer
von tausend Silberzungen.
Das leckt die Pfützen leer.

Entfernte Verwandtschaft

Ein Regenschirm, ein Sonnenschirm
(entfernt nur in Verwandtschaft)
spazierten einmal zugeklappt
griesgrämig durch die Landschaft.
Sie gingen lieber aufgespannt!
Der eine wollte Regen,
der andre wünschte unverwandt
sich Sonnenschein hingegen.
Stattdessen kam die kühle Nacht
und hat von beidem nichts gebracht.
Die Schirme guckten eingeschnappt
und blieben weiter zugeklappt.

Vom Wasser der Erde

Nebel hüllt mit grauen Schleiern
spät im Herbst den Morgen ein.
Nebel - abertausend Tröpfchen,
dicht gedrängt, wie Hauch so fein.
Sonne scheint auf alle Wasser.
Immerfort verdunstet das,
steigt empor bis in die Wolken,
macht sie düster, schwer und nass.

Fällt das Nass zu uns herunter,
werden Schirme aufgespannt.
Gibt es Frost, tanzt statt des Regens
Flöckchenschnee herab aufs Land.
Hätten wir auf unsrer Erde
weder Fluss noch Meer noch See,
gäb es keinen Nieselregen,
niemals einen Mann aus Schnee.

Drachenflug

Schnur in der Hand
und losgerannt!
Guck, wie er gaukelt
und schunkelt und schaukelt!
Mein Vogel mit Flügeln,
der lässt sich nicht zügeln,
schlüpft kleiner und klein
zum Himmel hinein.
Den lass ich nicht los.
Was hat er denn bloß?
Jetzt hoppelt er munter.
Der will wieder runter!
Matschplatsch ... Oh Schreck,
jetzt liegt er im Dreck.

Sturmwindlied

Sturmwind, fege,
fege alle Wege!
Feg die Straße auf und ab,
weil ich keinen Besen hab.
Sturmwind blase,
blas mir um die Nase.
Sollst mir durch die Haare wehn,
denn dann flattern sie so schön.

Sturmwind, fliege!
Bäume wieg und biege!
Wenn du alles wackeln lässt,
fällt der Vogel aus dem Nest.
Sturmwind, heule
wie im Wald die Eule.
Heul nicht ganz so fürchterlich,
bitte, denn sonst fürcht' ich mich.

Schneeprinzessin

Schneeprinzessin, flieg herunter,
setzt dich mal auf meine Hand!
Du bist schön, ich hab dich unter
tausend Flocken gleich erkannt.

Und ich weiß, wenn ich dich fange,
dass du meine Wunschfee bist.
Hab drei Wünsche frei, so lange,
bis dein Eis geschmolzen ist.

Meine Hand wird nass und nasser,
Hilfe, schnell, ein Wunsch muss her!
Schade, du wirst blass und blasser ...
Futsch, jetzt klappt es gar nicht mehr.

20
Der Gute-Nacht-Pavillon

Abendruh

Auf die Beete und Rabatten
fallen erste Abendschatten.
Leise singt der Wind,
lässt die Birkenzweige schaukeln
und die Wiesengräser gaukeln,
bis sie müde sind.

Dämmrung sinkt vom Himmelszelt.
Friedlich legt sich auf die Welt
wie ein Atemhauch so sacht
die Nacht.
Lautlos schleicht der Tag nun weg,
schließen sich die Blütenkelche,
wandern Rehe, Hirsche, Elche
in ihr Schlafversteck.

Spatzenkind

Der kleine Spatz liegt schon im Nest,
das sanft ein Lüftchen schaukeln lässt.
Die Spatzenmama hütet warm
das Kind in ihrem Flügelarm.

Der Papa hat fast keinen Platz.
Er ist ein dicker, großer Spatz.
Er sagt: He, Mutter Spatz, jetzt rück
doch bitte mal ein kleines Stück.

Die Nacht deckt alle Nester zu.
Nun schlafen sie und geben Ruh.
Und macht es doch noch mal tschiep tschiep,
so heißt das: Schatz, ich hab dich lieb.

Sommerabend

Die Amsel singt zum Eulenschrei.
Es tuschelt in den Bäumen.
Was trägt der Abendwind herbei?
Die Nacht mit ihren Träumen.
Vom Kirchturm gähnt der Wetterhahn.
Erwacht ist die Laterne.
Von ferne rauscht die Eisenbahn,
als sei sie gar nicht ferne.

Ein halber Mond geht übers Dach,
den Abendstern zur Seite.
Noch schwimmt er müde, blass und schwach
im Tal der Himmelsweite.
Dann steigt er auf in hellem Glanz
und schickt uns Abendkühle.
Und vor den Marktplatzrestaurants
stehn nur noch leere Stühle.

Bleib noch

Bleib noch ein bisschen hier bei mir,
sonst fühl ich mich allein.
Bleib bitte noch ein Weilchen hier,
sonst schlafe ich nicht ein.

Erzähl mir irgendwas von dir,
du warst doch auch mal klein.
Ganz früher - hattest du ein Tier?
Ich hab mein kleines Schwein.

Es ist ganz rosarot und weich,
hier liegt's auf meinem Bauch.
Ich glaube fast, es schläft schon gleich.
Na gut, dann schlaf ich auch.

Gebet

Lieber Gott, du kannst doch alles.
Und so stell ich mir dich vor:
mit fast hunderttausend Augen
rechts und links ein Riesenohr.

Denn wie sollst du mich sonst hören?
Schrecklich laut sind alle Städte!
Und wie sollst du mich sonst sehen
wenn ich abends zu dir bete?

Lieber Gott, ich will dich bitten,
schau herab zu mir auf Erden.
Mach, dass alle bösen Menschen
morgen gut und friedlich werden.

Mein Teddybär

Bevor mein Teddy schlafen soll,
darf er noch mit mir toben.
Er hüpft auf meinem Bauch wie toll,
nach unten und nach oben.
Bevor mein Teddy schlafen soll,
darf er ein bisschen springen.
Er hopst in meinem Bett wie toll,
will mich zum Lachen bringen.

Bevor mein Teddy schlafen soll,
darf er noch Flugzeug fliegen.
Ich werf ihn in die Luft wie toll.
Nun bleibt er bei mir liegen.
Weil Teddy endlich schlafen soll,
geb ich ihm einen Kuss.
Ich finde meinen Teddy toll.
Jetzt gute Nacht und Schluss.

Gutnacht, dicker Bär

Gutnacht, dicker Bär,
der Himmel steht leer.
Der Mond ist versunken,
im Waldsee ertrunken,
nun scheint er nicht mehr.

Gutnacht dicker Bär,
ich fühl mich so schwer,
als ob ich ein Klumpen,
ein Klumpen aus Lumpen,
ein Lumpenhund wär.

Gutnacht, dicker Bär!
Dein Fell mag ich sehr.
Es riecht nach Traumonen,
nach Süßapfeltronen,
dich geb ich nicht her.

Schnuffeltuch

Es ist schon ganz zerschnuffelt,
schön angelutscht und muffelt.
An seinen Zipfeln nuckel ich,
die sind so schmuseschnuckelig.

Es zaubert, wenn ich schlafen soll
mein Bett mit ganz viel Ruhe voll.
Schnuffeln ist wie Träume naschen.
Mama darf es niemals waschen!

Frau Nashorn sagt gute Nacht

Frau Nashorn sagt jetzt gute Nacht.
Sie hat ihr Kind ins Bett gebracht.
Sein Horn ist nur bananenklein,
doch kann es wie ein Großmaul schrein.
Siehst du es abends müde gähnen,
bekommst du Angst vor seinen Zähnen.

Ein Lied noch!, ruft das Nashornkind,
das von dem kleinen Pustewind.
Frau Nashorn nimmt, wie ihr vermutet,
ihr großes Nashorn ab und tutet.
Sie pustet nur ganz sacht hinein,
und davon – schläft sie selber ein.

Mondfrau

Auf einem Mondstrahl rutscht ganz leise
die Frau vom Mann im Mond herunter.
Sie steht nach ihrer Mondstrahlreise
an meinem Bett und macht mich munter.

Leih mir deinen Teddybär,
ich bring ihn morgen wieder her.
Mein Mondkind hustet, niest und weint
und fiebert etwas, wie es scheint.
Teddybären, hör ich so,
machen kranke Kinder froh!

Am Morgen, kaum bin ich erwacht,
ist mein Teddybär zum Glück
nach der tollen Mondfahrtnacht
wirklich hier bei mir zurück!

Liliput will schlafen gehn

Liliput ist eine Stadt,
die nur kleine Leute hat,
noch viel winziger als du.
Erbsenklein sind ihre Schuh.

Viele Lichter gehn schon aus,
hier und auch im nächsten Haus.
Liliput will schlafen gehn,
Mond und Sterne sind zu sehn.

Nur im Zimmer unterm Dach
bleibt noch irgend jemand wach.
Ach, das ist die kleine Lill,
die noch Sterne zählen will.

Manche haben sich versteckt.
Sieben hat sie schon entdeckt:
auf dem Schornstein, überm Baum,
unterm hellen Wolkensaum.

Der Mond ist weg

Der Mond ist weg, du großer Schreck,
grad war er noch zu sehn!
Auf einmal ist er wieder weg –
wie konnte das geschehn?

Vielleicht hat ihn ein schlauer Dieb
vom Himmel weggerollt?
Denn Gaunern ist ja nichts so lieb
wie so ein Klumpen Gold.

Der Mond ist weg mit Haut und Haar,
das ist kein dummer Spaß.
Und wenn's ein Riesenvogel war,
der ihn als Käse fraß?

Ha, seht doch mal, im Wolkenhaus
hat sich der Kerl versteckt,
da guckt ja seine Glatze raus!
Die glänzt wie abgeleckt.

Mond Mond semmelweiß

Mond, Mond semmelweiß,
immer musst du gähnen.
Hängst du fest
im Baumgeäst?
Unten steht der Semmelbeiß
mit den langen Zähnen.

Mond, Mond schwebeschwimm
hinter den Kastanien.
Schleichst du weg
ins Baumversteck?
Wenn du weiterwanderst, nimm
mich doch mit nach Spanien.

Mond, Mond, winkewank,
was suchst du dort im Grase?
Schneckenschneuz
und Schnederkäuz?
Putz die Sterne blinkeblank.
Ich putz mir meine Nase.

Eine kleine Nachtmusik

Hörst du, wie die Schleiereulen
lieblich an dem Weiher heulen
und dazu das kleine Käuzchen
fiept mit seinem spitzen Schnäuzchen?

Sehr melodisch kreischen Kater.
Machen die ein Mordstheater!
Und vom Schlossteich aus dem Park
schnarrt es dumpf quaquark quaquark.

Hoch und hell die Mücken sirren,
die dir um die Ohren schwirren.
Und wer schnarcht wie ein Motor?
Kommt mir wie der Papa vor ...

Wenn Schlangen schlafen gehen

Schlangen haben keine Beine,
weder große noch ganz kleine.
Schlangen kriechen auf dem Bauch
und die Schlangenkinder auch.
Wenn sie spielen, geht's mitunter
knotig drüber, drauf und drunter.

Aber wenn sie schlafen sollen,
ruft die Mama: „Schlafen rollen!
Jetzt ganz ordentlich geringelt,
Kleinstes obendrauf gekringelt!"
Drum herum formt Mama Schlange
eine Schlaufe. Eine lange.

Der Sandmann

Sandmann schleicht auf leisen Zehen,
keiner soll ihn gehen sehen.
Hinter Mauern, hinter Hecken,
um das Haus und um die Ecken
schleppt er abends huckepack
Traumsand weg in seinem Sack,
erst mal ins Versteck im Garten.
So, noch zwei Sekündchen warten,
bis im Kinderzimmer alle
endlich liegen in der Falle.

Aber dann, aber dann,
tapp tapp tapp, dann kommt er an,
durch den off'nen Haustürritz
oder Kellerfensterschlitz.
Husch, da ist er drin im Haus,
schaut nach müden Kindern aus,
fliegt im Dunkeln leise, leise
über ihnen ein paar Kreise,
pustet Traumsand aus der Hand -
schon bist du im

Schlum...
        mer...
                land...

Quellenhinweis

Aus Christa Zeuch's früheren Büchern stammen (teilweise leicht verändert) folgende Gedichte:

<u>Unten steht der Semmelbeiß (Anrich 1978)</u>: Mir fehlt was-Spiel / Regen, Regen tröpfchen / Der Meyer spinnt / Das Haus von Frau Flaus / Aufgepasst / He Papa! / Omas Zähne / Also tschüs und gute Nacht / Das Nachtgespenst / Versteck / Schnirkelschnecke / Hexenklecks / Mond Mond Semmelweiß
<u>Lisa, Lolle, Lachmusik (Arena 1987)</u>: Friesenriesen / Hampelmann / Wochenspeiseplan / Rachengiere / Ja und nun?/Wenn wir keine Sprache hätten / Zwischenraum / Welt aus Tönen / Der Dirigent / Die Wand / Die Sänger vom Teich / Der gemeine Kriech-Wurm / Zauberer-Rätsel / Osterhasengedicht / Der Sommer hat Flügel / Herbstmorgen / Das Kind vom Wind / Entfernte Verwandtschaft / Pfützenwetter / Vom Wasser der Erde / Drachen-flug / Sturmwind fege / Schneeprinzessin / Sommerabend / Der Mond ist weg
<u>Halt den Schnabel, böser Wolf (Arena 1990)</u>: Isabel / Briefe schreiben / Bauchkribbeln / Unser Hausmeister / Geheimnisbuch / Sofamofa / Polke Schmolke / Puh Pann / Wer's nicht glaubt / Klagelied eines Stuhls / Berufswünsche / Weil Papa sachimpft / Tante Meta / Opa Kutzner / Wuut! / Robinsoninsel / Traumgeheimnisbaum / Gartengeheimnisse / Hinter meiner Stirn / Das Wiesel / Herr Tausendfuß / Die Hexe von Kranunkelstein / Schneemann / Rübe und Rabe / Gutnacht dicker Bär
<u>Halli hallo, Herr Flunkerfloh (Arena 1992)</u>: Meckerziege / Meckeronkel / Morgens, wenn mich Mama weckt
<u>Duledick im Räuberwald(Arena 1992)</u>: Raue Räuberkehlen / Das Fodeldü / Was fliegt? / Der geheimnisvolle Sack
<u>Das Jahr hat bunte Socken an (Arena 1994)</u>: Das Jahr hat bunte Socken an / Frühlingsbeginn / Storchengeschichte / Laternenfest / Zum Jahresende
<u>Die kleine Hexe Xixibix (Oetinger 1996)</u>: Das I / Stecknadel / Hexenzaubersprüche / Hexchens Traumreise / Hexenkeller
<u>Abends, wenn der Sandmann kommt Arena (1997)</u>: Der Sandmann

Unter dem 2010 gegründeten Label **Edition Gegenwind** erscheinen vor allem Neuausgaben früher veröffentlichter Bücher sowie Originalausgaben anerkannter Autoren und Illustratoren als Book-on-Demand oder/und E-Book.
Die für die Herstellung zuständigen Verlage von Ausgaben der Edition Gegenwind sind:

- Books on Demand (www.bod.de)
- CreateSpace (www.createspace.com)
- neoBooks (www.neobooks.com)

Kinderbuchreihe Vor- und Selberlesen/Jugendbuch

Hrg Ulrich Karger
Bücherwurm trifft Leseratte. Geschichten, Bilder und Reime für Kinder von G. Beyerlein, T. Fuchs, U. Karger, M. Schlüter und C. Zeuch. Illustrationen: Manfred Schlüter. 2013

Gabriele Beyerlein
Bea am anderen Ende der Welt. Ab 8 Jahren. Illustrationen: Iris Hardt. 2012
Ilo und die Keltenfürsten. Ab 8 Jahren. Illustrationen: Tilman Michalski. 2012
Lara und das Geheimnis der Mühle. Ab 8 Jahren. Illustrationen: Susanne Smajić. 2011
Der schwarze Mond. Fantasy-Roman. Ab 11 Jahren. 2013

Ulrich Karger
Dicke Luft in Halbundhalb. Ab 5 Jahren. Illustrationen: Hans-Günter Döhring.

Christa Zeuch
Der Frosch hat einen Frosch im Hals - ein bunt gereimtes Tier-ABC nicht nur für Kinder. Freche, wortwitzige, poetische Tiergedichte. Ein Sprachspaß für Reimeliebhaber von 6-106 Jahren. Illustrationen: Gabriele Elsler.
CD Der Frosch hat einen Frosch im Hals Ausgewählte Tiergedichte mit Musik von Fabian Zeuch.
Wawar und der Feuervogel. Märchenerzählung. Ab 8 J. Illustrationen: Gabriele Elsler. 2013.
Prinz MeMo. Fantasy-Roman. Ab 10. Titel-Illustration: Christa Zeuch 2013.
Moonskaters Traum vom Fliegen. Jugendroman. Ab 12 Jahren. 2013

Manfred Schlüter
SINA und das Kaff am Ende der Welt. Ab 10 Jahren. Illustrationen: Manfred Schlüter. 2013
SimsalaSurium. Bilder, Gedichte, Geschichten. Ab 5 Jahren.

Thomas Fuchs
Nullnummer. Jugendroman. 2013
Neles Block. Ab 5 Jahren. BOD + Ebook OA 2014
Wanted: Plötzlich gesetzlos. Ab 10 Jahren.

Edition Gegenwind
Books on Demand
Aktuelle und ausführliche Informationen zum Programm der Edition Gegenwind finden Sie im Internet unter: **www.edition-gegenwind.de.vu**

Aktuelle und ausführliche Informationen zur Autorin finden Sie im Internet unter:
www.christazeuch.de

*"Die Brillenschlange sucht und sucht.
Sie tappt halb blind umher und flucht -
die Brille ist verschwunden!
Womöglich tritt noch jemand drauf?
Blöd, hätte sie die Brille auf,
hätt' sie sie längst gefunden ..."*

Der Frosch hat einen Frosch im Hals

In diesem frech und wortwitzig gereimten Tier-ABC überrascht die Autorin mit Unbekanntem über bekannte Tiere vom Affen bis zur Zikade. Man begegnet aber auch seltenen Spezies wie Computermaus, Nacktfrosch, Wetterhahn, Rollmops, Wollmaus und Gummibärchen ...

Zum Vor- und Selberlesen für Kinder ab 6 Jahren, Eltern, Großeltern, Onkel, Tanten, Lehrer, Erzieher und allerbeste Freunde.

Der Frosch hat einen Frosch im Hals - die CD!

Die CD zum Buch mit 50 ausgewählten Gedichten, humorvoll vorgetragen von Christa Zeuch und Sohn Fabian. Mit Musik und Geräuschen von Fabian Zeuch.

Erhältlich im Online-Handel!